民族地区人口城镇化的

就业促进政策研究

——基于广西农民的需求表达

汤玉权 著

The Study on Employment Promotion Policy of Population
Urbanization in Ethnic Minority Areas :
Demand Expression Based on Farmers in Guangxi

社会科学文献出版社
SOCIAL SCIENCES ACADEMIC PRESS (CHINA)

本书获广西高校人文社会科学重点研究基地基金资助

本书系国家社科基金一般项目"民族地区人口城镇化与政府促进就业的公共政策研究"（项目批准号：13BZZ023）结项成果

目　录

第一章

绪 论

中国已进入新时代。新时代的重要特征之一是社会主要矛盾发生了转化。当前，"我国社会主要矛盾已经转化为人民日益增长的美好生活需要和不平衡不充分的发展之间的矛盾"。[①] 而新时代"不平衡不充分的发展"特征，又体现在多个方面，如"社会生产力发展尚不充分，仍无法满足人民日益增长的物质需求；发展仍然不平衡，不能满足人民日益增长的经济和社会公平需求；物质文明与精神文明不平衡，不能满足人民日益增长的文化需求；人与自然发展仍然不平衡，不能满足人民日益增长的生态环境需求；经济建设与总体安全仍然不平衡，不能满足人民日益增长的安全需求"，以及"民主、法治等方面也存在较大的不平衡和不充分，难以满足人民日益增长的需要"[②]；等等。对于民族地区来说，"不平衡不充分的发展"除了同样具有上述表现，还突出表现在与中东部地区相较的地区不平衡发展上，其中就包含城镇化水平的不平衡。这种不平衡，不仅制约着民族地区内部的发展，也影响着我国全面建成小康社会的进程。为此，研究民族地区如何促进城镇化水平的发展，从而实现我国地区间发展的均衡，在新时代背景下显得尤为迫切与重要。

---

① 习近平：《决胜全面建成小康社会　夺取新时代中国特色社会主义伟大胜利——在中国共产党第十九次全国代表大会上的报告》，人民出版社，2017，第11页。
② 胡鞍钢、鄢一龙：《我国发展的不平衡不充分体现在何处》，《人民论坛》2017年第S2期。

第一节　问题的提出

城镇化（国外亦称城市化）是人类文明进步的重要表现之一。人类社会之初并无城乡之分。只有出现了社会分工，工商业从农业中分离出来，形成了以人口、财产、需求相对集中和非农业活动为其存在基础的聚落，才出现了城市的雏形①，城乡分离也开始产生。马克思恩格斯在《德意志意识形态》中分析指出："一个民族内部的分工，首先引起工商业劳动同农业劳动的分离，从而也引起城乡的分离和城乡利益的对立。"② 马克思在《资本论》中还认为"一切发达的，以商品交换为媒介的分工的基础，都是城乡的分离"③。以城乡分离为起点，人类开始了城乡分治，城市也开始作为文明的象征成为人们的追求，中国概莫能外。

古代中国的城乡分离是在春秋战国，尤其是在秦王朝统一中国后才真正定型。④ 但与西欧封建社会城市的非农业活动不同，古代中国城市的特点主要是集中，是以汪洋大海般的乡村为基础的⑤，这种特点一直持续到近现代。中国城市化过于集中且数量一直过少，而广袤之地都是农村，城市只是农村中偶尔的点缀，力量过于薄弱，因而毛泽东提出中国革命应走"农村包围城市，武装夺取政权"道路之说。

直到新中国成立后，中国城镇化进程才开始真正起步。尤其是改革开放以来，中国的城镇化水平得到明显提升。据统计，1949 年中国的城镇化率只有 10.64%，到 1980 年为 19.39%，到了 2011 年已升至 51.27%，实现了中国城镇化率过半的历史性突破。有评论认为："这是中国社会结构的一个历史性变化，表明中国已经结束了以乡村型社会为主体的时代，开

---

① 徐勇：《非均衡的中国政治》，中国广播电视出版社，1992，第 16 页。
② 马克思、恩格斯：《德意志意识形态》，《马克思恩格斯选集》第 1 卷，人民出版社，2012，第 147~148 页。
③ 马克思：《资本论》，《马克思恩格斯全集》第 23 卷，人民出版社，1972，第 390 页。
④ 徐勇：《非均衡的中国政治》，中国广播电视出版社，1992，第 25~29 页。
⑤ 徐勇：《非均衡的中国政治》，中国广播电视出版社，1992，第 47~48 页。

始进入到以城市型社会为主体的新的城市时代。"① 然而令人尴尬的是，中国快速城镇化的这一成果，却被屡屡诟病为"伪城镇化"②、"半城市化"③、"浅城市化"④ 等，表明城镇化质量并不高。城镇化质量不高的表现有二。其一体现为户籍人口城镇化率远低于常住人口城镇化率。当前的城镇化率主要是以常住人口城镇化率作为指标，即把暂住城市的外来务工人口计算到了城镇化率中，使得城镇化率虚高。⑤ 国家发改委中小城镇研究室副主任乔润令就指出，2011 年我国城镇化率达 51.27%，城镇人口达 6.9 亿人。但是，2011 年底中国农村户籍人口是 9.3 亿人，按照 13.5 亿人来计算，真正的城镇人口数量仅为 4.2 亿人，实际上按照户籍人口计算仅在 35% 左右，城镇化质量并不好⑥，户籍人口城镇化率不高也因此成为"城镇化的短板"⑦。其二体现为人口城镇化大大落后于土地城镇化。即城镇化进程中，更多的是以城市用地的扩张为重点，忽视甚至有意限制人口的进入，使得土地城镇化快于人口城镇化，城镇化呈现出外延扩张、粗放发展的特点。⑧

　　"伪城镇化""半城市化""浅城市化"造成了不少的社会问题，如进城务工人员无法融入城市，农村存在大量留守儿童、妇女、老人，以致其赡养、抚养、教育、夫妻两地分居等问题无法解决，单身打工者更容易犯罪，以及季节性"返乡"给城市造成"用工荒"，对企业生产、市民生活等带来困扰。这些现象表明：中国的城镇化发展道路必须转变，不能再延

---

① 魏后凯：《中国城市化转型与质量提升战略》，《上海城市规划》2012 年第 4 期。
② 《中国的"伪城市化"进程》，https://www.sinoss.net/2010/1012/26866.html。
③ 哈继铭：《中国现在城镇化是半城市化　或致未来去城市化》，http://finance.ifeng.com/news/special/2012Summit/20121216/7439022.shtml。
④ 郑秉文：《拉美"过度城市化"与中国"浅度城市化"》，《中国社会科学报》2011 年 6 月 9 日第 11 版。
⑤ 郑秉文：《拉美"过度城市化"与中国"浅度城市化"》，《中国社会科学报》2011 年 6 月 9 日第 11 版。
⑥ 李方：《专家谈城镇化发展：人口城镇化滞后于土地城镇化》，http://www.ce.cn/cysc/fdc/fc/201212/11/t20121211_21299921.shtml。
⑦ 《政治局：加快提高户籍人口城镇化率》，http://www.1010jiajiao.com/qx_portal/doc/1046313.html。
⑧ 李方：《专家谈城镇化发展：人口城镇化滞后于土地城镇化》，http://www.ce.cn/cysc/fdc/fc/201212/11/t20121211_21299921.shtml。

续过去的路子。中央也认识到了这个问题，因此在 2012 年党的十八大报告中，提出了"新型城镇化"的战略，强调"要坚持走中国特色新型城镇化道路"①。

何谓"新型城镇化"？自"新型城镇化"战略提出以来，中央领导人已先后在多个场合做了说明。2013 年 1 月，李克强总理在国家粮食局科学研究院调研时强调，城镇化核心是"人的城镇化"，关键是提高城镇化质量。2013 年 3 月 17 日，李克强总理在答记者问时指出："我们强调的新型城镇化，是以人为核心的城镇化。"② 2013 年 8 月 30 日，李克强总理邀请两院院士和有关专家到中南海，听取城镇化研究报告并在与大家座谈时强调指出，"推进新型城镇化，就是要以人为核心，以质量为关键，以改革为动力，使城镇真正成为人们的安居之处、乐业之地"。③ 2013 年 11 月，习近平总书记在山东考察时指出，城镇化不是土地城镇化，而是人口城镇化。2016 年 2 月底，习近平总书记对深入推进新型城镇化建设做出重要指示，指出"新型城镇化建设，要'以人的城镇化为核心'。城镇化不仅仅是物的城镇化，更重要的是人的城镇化，城镇的发展终究要依靠人、为了人，以人为核心才是城市建设与发展的本质"④。此外，中央有关会议与文件也对此做出过论述。2013 年 12 月 12～13 日举行的中央城镇化工作会议要求，要以人为本，推进以人为核心的城镇化，提高城镇人口素质和居民生活质量，把促进有能力在城镇稳定就业和生活的常住人口有序实现市民化作为首要任务。⑤ 党的十八届三中全会提出："完善城镇化健康发展体制机制，坚持走中国特色新型城镇化道路，推进以人为核心的城镇化，推动大中小城市和小城镇协调发展、产业和城镇融合发展，促进城镇化和新农

---

① 《中国共产党第十八次全国代表大会文件汇编》，人民出版社，2012，第 19 页。
② 《李克强总理：新型城镇化是以人为核心的城镇化》，http://www.chinadaily.com.cn/chinesevideo/2013－03/17/content_16314813.htm。
③ 《李克强：推进新型城镇化　以人为核心以质为关键》，http://news.youth.cn/gn/201309/t20130908_3839678.htm。
④ 《习近平：以人的城镇化为核心》，http://www.china.com.cn/news/2016－02/28/content_37890312.htm。
⑤ 《中央城镇化工作会议在北京举行》，《人民日报》2013 年 12 月 15 日第 1 版。

村建设协调推进。"① 上述一系列论述表明中央对"新型城镇化"既有清醒认识，也有明显共识，即"新型城镇化"是以人为核心，特点是人口城镇化，注重的是"提高城镇人口素质和居民生活质量"，"促进有能力在城镇稳定就业和生活的常住人口有序实现市民化"；简单地说，就是新型城镇化不再是盲目追求城市规模扩张、城市面积的扩大，而是着眼于让有能力进入城镇的农村人口在城镇中住得下、留得住、能就业，其中，"能就业"是关键。因为对于绝大多数人而言，通过就业获得收入是在城镇住得下、留得住的根本。没有稳定的就业，没有比较高的收入，农民进城，即使有房子，也很难在城市体面安居。② 因此，人的城镇化的第一要素是实现进城人口的持续而稳定的就业。从这个意义上可以说："坚持就业优先，提高就业质量是提高城镇化质量的新动力。"③

在民族地区，由于历史、地理、自然、人文等原因，城镇化发展较为滞后，加快推进城镇化建设也就更具有现实性与紧迫性。在这一目标和趋势下，大力推进人口城镇化及优先解决进城人口的就业问题，也就成为民族地区城镇化建设的必然路径。虽然有学者认为，人口城镇化靠市场解决就业。④ 但对于民族地区来说，由于在市场发育、产业发展、人口素质等方面发展程度相对较低，单纯依靠市场解决人口城镇化进程中产生的大量就业问题，显然不现实，更容易出现"市场失灵"，从而民族地区人口城镇化就业对政府的依赖程度更高。因此，民族地区政府应充分认识到这一点，从根本上帮助进城人口解决就业问题，主动承担起更多的责任来促进就业。促进就业也由此成为民族地区政府公共服务的重要内容之一，是政府公共政策的重要部分。由此，研究民族地区人口城镇化中的政府促进就业政策，就具有了很强的现实意义，也由此成为本书研究的主题。

① 《中共中央关于全面深化改革若干重大问题的决定》，《人民日报》2013年11月16日第1版。
② 霍文琦：《"人的城镇化"才是可持续的城镇化——访华中科技大学中国乡村治理研究中心主任贺雪峰》，《中国社会科学报》2014年5月23日第A6版。
③ 王列军等：《完善城镇化进程中的社会政策》，中国发展出版社，2013，第54页。
④ 叶檀：《人口城镇化靠市场解决就业》，http://news.hexun.com/2014-03-19/163158631.html。

第二节　研究综述

科学研究是一个不断累积和发展的过程，需要站在前人研究的基础上，不断进行改进、补充、扩展或创新，从而获得知识增量。在关于城镇化及人口城镇化就业的问题上，国内外学者已有许多研究成果，这些研究成果构成了本书的重要学术资源。

一　国外研究现状

（一）城镇化理论的研究

城镇化这个概念最早是由西班牙工程师塞达（A. Serda）于 1867 年在他的著作《城镇化的基本理论》中提出的[①]，目前已被广泛接受。由此可见，国外学者对于城镇化（城市化）理论的研究较早，并形成了较为完备的理论系统，主要有结构转换理论、人口迁移理论、可持续发展城市理论等。

1. 结构转换理论

结构转换理论以美国经济学家钱纳里为代表。钱纳里等人根据世界大多数国家 1950～1970 年经济结构变化的经验统计材料，描述了产业结构、就业结构和城市化水平三者之间的变化规律，即随着收入水平的上升，国民经济中农业份额不断下降，工业和服务业份额不断上升，农业就业比重也相应下降，而工业与服务业的就业比重则相应提高，经济增长以及工业的发展促使生产要素从传统部门流向现代部门，资源与人口向城市集中，通过空间聚集效应推动了城市经济增长和城市规模扩张。[②]

2. 人口迁移理论

人口迁移理论主要解释为什么会有农业人口向城市迁移，从而完成城市化。这一理论的代表为刘易斯提出的"两部门模型"。根据刘易斯模型，社会中存在传统农业部门与现代工业部门，劳动力可以在城乡之间自由流

---

① 于庆江：《我国城镇化进程中农地产权制度研究》，《科技创新导报》2010 年第 15 期。
② 〔美〕霍利斯·钱纳里、莫伊思·赛尔昆：《发展的型式：1950—1970》，李新华等译，经济科学出版社，1988。

动，现代工业部门劳动效率高，不断吸收传统农业部门的剩余劳动力，现代工业部门的较高工资水平和传统农业部门的低工资水平，是劳动力在城乡之间流动的驱动力量，也就是"推力"和"拉力"①。之后费景汉和拉尼斯对刘易斯的二元结构理论做了补充、发展，认为刘易斯模型存在缺陷，即没有重视农业在经济发展中的地位和作用。他们认为，农业总产出在农业劳动力减少到一定程度时也会开始减少，这个时候会因为粮食短缺而引起粮食价格和工业部门工资的上涨。扩张的工业部门与停滞的农业部门同时存在。如果在此过程中农业生产效率得到提高，则农业部门可以继续保持为工业部门的扩张提供剩余劳动力。②

3. 可持续发展城市理论

可持续发展城市理论体现了西方学者对不同阶段城市化的过程及结果的总结与反思，反映出西方国家在城市化深入发展的过程中越来越注重对资源环境的保护，强调城市的可持续发展。英国社会活动家霍华德在《明日的田园城市》一书中强调了城市规划与建设的设想，提出了"田园城市"的概念，即田园城市是为了安排健康的生活和工业而设计的城市，其规模要有可能满足各种社会生活，但不能太大，四周要有永久性的农业地带环绕，城市的土地归公众所有或托人为社区代管。③从 20 世纪 90 年代起，美国针对可持续城市发展需要提出了"精明增长"战略，强调环境、社会和经济可持续的共同发展，强调对现有社区的改建和对现有设施的利用，反对空间无序向外蔓延，将城市发展融入城市区域整体生态体系和人与社会的和谐发展目标中。④

（二）人口城镇化问题的研究

城镇化的一个重要指标是人口城镇化。近年来，国外对人口城镇化或

---

① 〔美〕阿瑟·刘易斯：《二元经济论》，施炜、谢兵、苏玉宏译，北京经济学院出版社，1989。
② 〔美〕费景汉、古斯塔夫·拉尼斯：《劳动剩余经济的发展》，王月等译，华夏出版社，1989。
③ 转引自王素斋《科学发展观视域下中国新型城镇化发展模式研究》，博士学位论文，南开大学，2014。
④ 王枫云、游志丹：《美国应对城市空间无序拓展的理论演进轨迹》，《行政论坛》2014 年第 2 期。

城市化的研究，主要有两种视角。一是从社会冲突来研究人口城镇化。如Zhang 和 Song 认为，由经济增长导致的大量城乡迁移和城市化会带来一系列失业与贫穷问题。因此，为抑制失业问题，采取控制城乡迁移的措施非常有必要。① 二是从人口城镇化的渠道和路径进行研究，形成了西方人口城市化理论，包括城市化的根源、条件、动力、发展阶段、特点、规律和相应的理论模型。此外，还包括城市化的发展模式、城市规划和管理、地区差异和地域性专题研究、发展趋势和发展道路研究、城市体系和城市规模选择、城市化产生的问题和后果、对生态环境和经济社会发展的影响，等等。

（三）人口城镇化就业问题的研究

1969 年，托达罗提出了著名的"托达罗模型"。该模型认为，在人们中间存在着"期望收入"，使得发展中国家大量的农村劳动力流向城市，然而城市中又存在着越来越严重的失业现象。农村劳动力在权衡"期望收入"和失业概率的基础上，仍然选择进入城市谋生。托达罗指出，应该重视农村和农业自身的发展，使农村本身能够留住大量的劳动力人口，缓解城市的就业压力。② 而自国际劳工组织 1972 年发表的肯尼亚就业报告提出"非正规部门"以来，国外学者对发展中国家城市化就业问题的研究主要集中于"非正规就业"，并形成了多种理论视角，如现代化理论、依附理论、新自由主义理论、新马克思主义理论等。③

综合上述研究概述可见，西方主要国家学者不论是对城市化的研究，还是对人口城市化、人口城市化就业问题的研究，内容都比较完善，而且善于根据各个不同阶段进行总结，并能适应新的发展形势提出新的理论思想，反映了理论与现实的紧密结合程度。

二　国内研究现状

与国外城镇的发展及带动学界长时期的城镇化问题研究并取得丰硕成

---

① Zhang Kevin Honglin, Song Shunfeng, "Rural-urban Migration and Urbanization in China: Evidence from Time-series and Cross-section Analyses," *China Economic Review*, 2003 (14): 386 – 400.

② 转引自戚晓明《国内外乡村城市化的理论研究综述》，《农村经济与科技》2008 年第 8 期。

③ 黄家滨：《国外非正规就业研究的理论视角》，《大珠三角论坛》2009 年第 3 期。

果不同，中国的城镇化不仅长期滞后，国内学者对城镇化领域的研究也长期缺乏。只是到了改革开放后，中国对城镇化建设的重视加强，思想领域则在费孝通提出中国的"城镇化"道路①问题以来，对这一领域的研究才开始活跃，研究成果也日益增多。本书从以下方面对国内城镇化研究现状进行概括。

（一）城镇化内涵的研究

传统的城镇化定义较为简单，有一种较为普遍的提法是：城镇化就是农村人口向城市集中的过程。一般含义可以分为三类。一是人口地域空间的变化。胡欣认为城镇化是指农村人口向城市人口转移和集聚的现象，包括城市人口和城市数量的增加以及城市社会化、现代化和集约化程度的提高。② 二是人类生活方式的转变。谢文蕙认为城镇化是社会生产力变革所引起的人类生活方式、生产方式和居住方式改变的过程。③ 三是产业结构的变化。秦润新认为城镇化是一种产业结构由以第一产业为主逐步转为以第二产业和第三产业为主的过程。④

党的十八大提出了坚持走新型城镇化道路的新理念，体现了党和政府适应新形势与新潮流，推动我国城镇化取得新进展的决心。对此，国内学者的研究重心转移到新型城镇化的内涵的研究。段进军等提出新型城镇化应体现在城镇化的新机制、新阶段、新模式、新动力、新格局、新目标这六个方面，主要表现在：城镇化发展机制应由政府主导型的城镇化向市场主导型的城镇化转变；从城镇化发展的阶段性来看，城镇化应进入由"化地"到"化人"的重大转变；相对于外生的城镇化模式，新型城镇化应体现为内生城镇化模式；相对于出口和投资驱动下的城镇化，新型城镇化动力应建立在消费驱动的基础上；从空间上来说，新型城镇化要由"非均衡型"的城镇化转为"均衡型"的城镇化；从发展目标上来看，城镇化应由

---

① 费孝通：《中国城镇化道路》，内蒙古人民出版社，2010。
② 胡欣：《城市经济学》，经济科学出版社，1999，第36页。
③ 谢文蕙：《城市经济学》，清华大学出版社，1996，第28页。
④ 秦润新：《农村城镇化理论与实践》，中国经济出版社，2000，第18页。

"一维"的经济目标向资源环境、社会和经济发展等"多维"目标转型。[①]
王小刚等认为新型城镇化是以促进农村人口转移的全面发展为根本目的，
与工业化、现代化协调发展，不以牺牲农村发展利益为代价，以城市群为
推进新型城镇化的主体形态，形成合理的城镇规模等级体系，并走集约、
高效的可持续发展道路的过程。[②] 宋林飞则认为中国特色新型城镇化应是
以人为本、公平共享、四化同步、多元形态、功能完善、集约低碳、绿色
智慧、城乡协调，从偏重土地城镇化向注重人的城镇化转变。[③]

（二）城镇化进程中农民工市民化问题的研究

在我国，农民工是城镇化的主体，而城镇化的主要目标是把农民转为
市民，然而现实中，农民工在城镇化建设中贡献了主体力量，却因为户籍
制度等无法享受与城镇市民同等的待遇，没有真正市民化。对于这一问
题，冯奎通过对安徽各市暂住人口与户籍人口在养老、医疗、就业、住
房、教育等公共服务方面进行比较分析，发现暂住人口在户改前不能享受
居民养老保险、医疗保险，在就业上办理就业失业登记证必须要回到户籍
所在地，户改前不能享受相应的住房保障政策，不能享受困难家庭临时救
助。[④] 司会敏提出了青年农民工面临一些非制度性障碍，包括融入城市的
成本过高与低收入之间的矛盾、渴望发展与技能短缺之间的矛盾以及城乡
文化隔阂所造成的社会排斥，这些非制度性的因素阻碍了青年农民工向市
民的转变。[⑤] 韦向阳等认为我国的"半城镇化"现象突出，多数农民工一
直未能享受应有的市民待遇，新生代农民工在市民化过程中遇到政治、经
济、社会文化等方面的阻挠，在政治权利、收入水平、住房问题、文化冲

---

① 段进军、殷悦：《多维视角下的新型城镇化内涵解读》，《苏州大学学报》（哲学社会科学
版）2014 年第 5 期。
② 王小刚、王建平：《走新型城镇化道路——我党社会主义建设理论的重大创新和发展》，
《社会科学研究》2011 年第 5 期。
③ 宋林飞：《中国特色新型城镇化道路与实现路径》，《甘肃社会科学》2014 年第 1 期。
④ 冯奎：《中国城镇化转型研究》，中国发展出版社，2013，第 7 页。
⑤ 司会敏：《青年农民工融入城市问题探讨——以新户籍制度改革为契机》，《理论学刊》
2015 年第 1 期。

突上不能享受公正的待遇。①

在如何解决农民工市民化问题上，学者们也提出了相应的对策。丁静提出要实现真正意义上的市民化，必须撤除"半市民化"障碍，打通市民化通道，根本点在于改革二元社会制度，统筹城乡社会发展，推进公民制度现代化建设，赋予农民工市民权，逐步提高农民工的收入水平，应该创新住房保障、教育管理、社会保障管理制度，调整产业结构和完善收入分配制度，尽可能地提高农民工的收入水平。② 郭万超等认为解决农民工市民化问题，使农民工获取完全的市民身份，享受城镇完整的公共服务和发展成果，实现成本分担、以流出地为主、户籍改革与民生协同推动为基本思路，尽快消除户籍制度、土地制度、公共服务体制的障碍，建立有利于城镇化健康发展的公平社会制度。应建立包括政府、企业、个人在内的多元主体共同分担农民工市民化成本机制，采取省内和跨省两种类型有别的户籍改革措施，省内农民工市民化可实行完全自由选择和流动，跨省农民工市民化则实行有管理的推进，建立教育、医疗、养老、住房、就业协同推进机制。③

综合上述研究，"半市民化"现象主要由我国户籍制度的制约引起，是我国的特殊现象，国内学者对农民工市民化问题研究较多，但基本的共识都在于我国农民工在政治权利、工资待遇、社会文化、公共服务等方面未能享受应有的待遇，解决这一问题的重点在于加快户籍制度的改革，破除"半市民化"的制度樊篱，完善社会保障和公共服务体系，提高农民工的收入水平，帮助农民工更好地融入城市，实现真正市民化的转变。

（三）城镇化中政府职能转变问题的研究

在我国的城镇化中，政府一直发挥了全面主导的作用，在一定程度上促进了城镇化的快速发展。但同时，政府全面主导也带来了一些弊端。茶

---

① 韦向阳、刘亮：《包容性发展视角下新生代农民工市民化问题与对策研究》，《华东理工大学学报》（社会科学版）2014年第2期。
② 丁静：《农民工市民化的促进措施研究》，《河南社会科学》2014年第11期。
③ 郭万超、胡琳琳：《新型城镇化进程中农民工市民化问题探析》，《科学社会主义》2014年第3期。

洪旺指出了在政府的全面主导下，部分地方政府在推进新型城镇化进程中，仍然没有摆脱传统城镇化发展的路径依赖，习惯于靠"有形之手"强势推进，急于求成，大拆大建、盲目扩张工业园区、"造城运动"等现象频频出现，容易导致政府权力越俎代庖，政府职能异化，滋生腐败，助长了政府长官意志，加速了"土地城镇化"进程，而"人口城镇化"却裹足不前，抑制了市场机制在资源配置中的决定性作用，资源配置错位，难以实现资源优化组合和优化配置，造成大量宝贵的土地资源闲置浪费。① 冯奎认为政府全面主导的政策，包括户籍政策、土地政策、行政区划政策、规划政策等已部分失效，而且带来了造城运动，盲目扩张、不计成本，粗放发展、低价征地，与民争利等负面问题。②

而如何摆正政府在城镇化中的位置，如何转变政府职能，处理好政府与市场的关系也一直是国内学者不断探索的问题。冯奎认为政府需在户籍、农民工基本公共服务、保障性住房建设、土地利用、行政管理体制等方面集中力量发挥作用，把市场能解决的问题主要交给市场与企业去完成，即政府需由全面主导向有限主导转变。③ 张玉磊认为市场是城镇化的根本动力，市场应该充分发挥在城镇化资源配置中的决定性作用，尊重市场规律，依靠市场机制，以市场的力量引导资源要素流动和集聚，使与城镇化相关的人口、土地、资本等资源要素在公平竞争的环境中能够在城乡之间、区域之间自由集聚和流动，保障不同市场主体的合法权益；政府应该发挥的是引导作用，政府需要有壮士断腕的勇气推进职能转变，打破市场发展的制度羁绊，通过一系列的体制机制创新优化城镇化建设中的政府行为，主要在于制订科学的城镇化发展规划，加强城镇化重点领域的制度改革，完善城镇化的监管体系，促进城镇化科学发展。④ 钱再见从空间权利的视角分析政府职能从全能政府转变为有限政府，应该依托顶层设计，合理分权，疏通府际政策协调机制，简政放权，充分发挥市场作用，扩大

① 茶洪旺：《摆正政府在新型城镇化发展中的位置》，《探索与争鸣》2014 年第 2 期。
② 冯奎：《新型城镇化进程中政府需从全面主导向有限主导转型》，《经济纵横》2013 年第 7 期。
③ 冯奎：《新型城镇化进程中政府需从全面主导向有限主导转型》，《经济纵横》2013 年第 7 期。
④ 张玉磊：《新型城镇化进程中市场与政府关系调适：一个新的分析框架》，《社会主义研究》2014 年第 4 期。

公众参与，还权于民，建构官民合作机制。①

综上所述，转变政府在城镇化中的职能，由全面主导转向有限主导已经是学术界的共识，但是多数学者更多的是从宏观的角度研究政府职能的转变，研究政府与市场的关系，而在政府如何与非政府组织、社会组织以及公民个人合作，基层政府或西部民族地区的地方政府应该如何转变职能等微观层面上的研究较少。

（四）　城镇化实现路径问题的研究

城镇化在上升到国家战略层面后，我国政府一直提倡"小城镇战略"，在概念上也是用"城镇化"，而非"城市化"，可以看出我国政府对小城镇发展的重视。不过，在学术界，城镇化的实现路径还存在一些争议，到底应该重点发展小城镇还是大城市，国内学者有不同看法。（1）重点发展大城市。宋林飞认为城镇化是吸纳农村转移人口、农民进城的过程，其中大城市的聚集效应最显著，我国先发展地区已经出现了大城市的聚集效应，后发展地区需要培育大城市的聚集效应，防止分散化倾向，吸取乡镇企业发展初期分散化的教训，应该走以大城市为主体的多元城镇化道路，发挥大城市的龙头带动、改革创新示范与反哺农村的作用。②（2）发展小城镇。赵莹等认为应该进行合理规划，走紧凑型小城镇发展道路，制定小城镇布局的优化策略，形成合理的小城镇发展规模和布局，按"因地制宜、节约用地、注重特色、简明适用"的要求，高起点、高标准、高质量地编制小城镇建设规划，避免出现因规划水平不高造成的小城镇建设无序、资源浪费和功能弱化等问题。③（3）就地城镇化。焦晓云认为就地城镇化是降低城镇化建设成本的最佳选择，是预防和治理"城市病"的重要抓手。推进农村的就地城镇化有利于减轻城市人口、交通、住房、就业、环境、资源等负担，有效预防和缓解"城市病"，有利于发展农业现代化和确保粮食

① 钱再见：《新型城镇化进程中的政府职能转变——基于空间权力视角的分析》，《中共浙江省委党校学报》2013 年第 5 期。
② 宋林飞：《中国特色新型城镇化道路与实现路径》，《甘肃社会科学》2014 年第 1 期。
③ 赵莹、李宝轩：《新型城镇化进程中小城镇建设存在的问题及对策》，《经济纵横》2014 年第 3 期。

安全，也能够解决异地城镇化带来的留守儿童、空巢老人、农业技术无法推广、土地撂荒等农村问题。[1]（4）大中小城市协调发展。张成贵认为应该把推动城市群作为城镇化的主要载体形态，大城市要素市场发育完备，具有较强的规模效益，有利于集聚高端服务业人才，而中小城市和小城镇生产生活成本相对较低，功能独特而互补，能够吸引大量劳动力到生产性服务业与劳动密集型企业就业、生活。因此大中小城市可以通过便捷的交通路线予以连接，充分发挥不同城市的优势，促使城镇化均衡发展。[2] 张永岳等通过对各个国家城镇化路径的对比分析，认为我国城镇化路径的选择必须因地制宜，应该考虑以下几点：一是发达地区的城市群的打造；二是大城市以质量为重点的城镇化水平的提高；三是以中小城市为主的集聚功能的提升与完善；四是直接与广大农村地区联系在一起的小城镇的建设。[3]（5）其他视角下的城镇化路径。王素斋从科学发展观的角度提出我国的城镇化应该是以人为核心的，全面、协调、可持续发展的城镇化。推动新型城镇化发展，就要在科学发展观指导下，坚持以人为本，着力推进农民工市民化进程，提升人口城镇化水平；尊重自然与传统，塑造城镇特色。[4] 陈晓春等认为新型的城镇化应该走低碳发展的道路，在城镇化建设过程中，坚持可持续发展原则，通过制订低碳科学的城镇规划、建设低碳的城镇基础设施，形成低碳的能源消费结构，发展低碳经济，加强城镇生态环境的综合治理，尽可能减少城镇化建设对生态环境的影响，最终实现经济、社会、环境的协调发展。[5]

综上所述，国内学者对我国城镇化的实现路径做了大量研究，从"小

---

[1] 焦晓云：《新型城镇化进程中农村就地城镇化的困境、重点与对策探析》，《城市发展研究》2015年第1期。
[2] 张成贵：《新型城镇化建设中推进城市群发展的几点思考》，《天水行政学院学报》2014年第4期。
[3] 张永岳、王元华：《我国新型城镇化的推进路径研究》，《华东师范大学学报》（哲学社会科学版）2014年第1期。
[4] 王素斋：《科学发展观视域下中国新型城镇化发展模式研究》，博士学位论文，南开大学，2014。
[5] 陈晓春、蒋道国：《新型城镇化低碳发展的内涵与实现路径》，《学术论坛》2013年第4期。

城镇战略"到大中小城市协调发展，而今，学者们更多地适应社会发展的新趋势，强调城镇化中更要重视以人为本的原则，注重城镇化与生态环境、低碳消费协同发展。不过，国内学者重在对我国城镇化路径的理论研究，缺少对我国城镇化模式的实证研究，尤其是对我国西部地区或民族地区等特殊区域的研究较少，对其他城镇化模式如旅游城镇化、边贸城镇化的研究更是寥寥无几。

（五）人口城镇化与土地城镇化协调问题的研究

城镇化是农村人口向城市转移的过程，其中既包括了人口的城镇化，也包括了土地的城镇化，城镇化的健康发展应该是人口城镇化与土地城镇化的协调发展，然而我国现在城镇化发展过程中已经出现了人口城镇化与土地城镇化的不协调，人口城镇化滞后于土地城镇化的发展。国内学者对两者之间的关系问题也做了相应研究。（1）两者不协调原因。李子联运用Hausman检测，构建了时间或个体的随机效应横截面时间序列模型，对大陆吉林省以外的30个省区市的相关数据进行了实证检验，分析了人口城镇化滞后于土地城镇化的原因，主要在于工业化进程的加快带来了城市建设用地的大规模扩张，但人口城镇化所发挥的"吸纳效应"则相对有限，地方政府对土地财政的依赖加剧了两者之间的失衡，以及我国特有的二元户籍制度和土地制度。[①] 李小敏等认为造成两者失调的主要原因在于：一是分税制改革影响了地方政府的支出结构和官员激励，使政府热衷城镇开发，加速了土地城镇化；二是财政赤字和二元土地制度引发了土地财政，导致城镇土地无序扩张；三是政绩考核使地方政府大量低价出让工业用地，以吸引投资促进经济；四是高房价增加了农村居民向城镇的转移成本，抑制了人口城镇化。[②]（2）两者失调的影响。蔡美香认为人口城镇化与土地城镇化的失调会制约新型城镇化的发展：一是不利于城乡一体化进程，农民工没能真正实现市民化的转变，与新型城镇化背景下的"以人为

---

① 李子联：《人口城镇化滞后于土地城镇化之谜——来自中国省际面板数据的解释》，《中国人口·资源与环境》2013年第11期。

② 李小敏、陈多长：《我国人口城镇化与土地城镇化失调原因分析》，《改革与战略》2014年第12期。

本，城乡互相促进"相违背；二是造成城镇化发展效率低下，土地的盲目扩张导致资源浪费；三是导致资源利用率低，土地规划的不合理造成环境污染严重。[①] 李小敏等分析了人口城镇化与土地城镇化的失调将会带来征地补偿标准低致使失地农民权益得不到保障；耕地面积急剧减少，粮食安全面临威胁；很多土地并未得到很好的利用，以致出现了很多所谓"鬼城"的现象等一系列社会问题。[②] （3）两者协调发展的对策。王丽艳等通过建立人口城镇化和土地城镇化的复合指标，对我国城镇化进程中土地和人口之间的动态效应关系进行了实证分析，认为要实现人口城镇化和土地城镇化的良性互动发展，应该积极推动城市土地制度渐进式改革，强化土地监察力度；划定城市增长边界，限制城市扩张；提升城镇化质量，避免过度城镇化；改革与现行户籍制度相关联的不合理制度，逐步剥离户籍制度关联福利。[③] 李光勤通过对省级面板数据的分析，认为产业结构是造成人口城镇化与土地城镇化不协调的主要原因，要促进两者协调发展，土地城镇化应该以增加二、三产业就业为目的，提高土地的利用效率。[④]

综上所述，众多学者运用了数据分析、建立模型等实证研究方法对人口城镇化与土地城镇化的关系问题做了大量研究，但是研究较多的都是人口城镇化与土地城镇化失调的现状、原因以及影响等方面，对如何促进两者之间的良性互动与协调发展的对策路径研究较少，而人口城镇化与土地城镇化涉及户籍制度、土地制度、农民工市民化等各方面因素，目前对这一对策的研究还不够全面。

三　国内外研究评析

上述国内外研究为本书的研究提供了很好的基础。但国内外已有的研

---

① 蔡美香：《我国人口城镇化与土地城镇化失调与影响因素分析》，《西北人文科学评论》第 7 卷，2014。
② 李小敏、陈多长：《我国人口城镇化与土地城镇化失调原因分析》，《改革与战略》2014 年第 12 期。
③ 王丽艳、郑丹、游斌：《实现人口城镇化与土地城镇化良性互动发展问题研究》，《当代经济研究》2014 年第 12 期。
④ 李光勤：《土地城镇化与人口城镇化协调性及影响因素研究——基于省级面板数据的分析》，《地方财政研究》2014 年第 6 期。

究成果对西部地区尤其是民族地区的人口城镇化问题的研究较少。在学术专著方面，目前为止对民族地区人口城镇化问题进行专门论述的也不多，大多是在城镇化研究的专著中以部分章节提到这一问题，并没有对此展开系统研究。在城镇化就业问题研究方面，从民族地区人口城镇化视角进行的研究也很少，大多是从城镇失业和促进就业的角度探讨政府解决对策，而且目前关于人口城镇化或城镇化就业问题的研究鲜有政治学的视角。因此做进一步的研究很有必要。

第三节　基本概念

概念是研究的基本单元，也是理解本书的基础。本书的基本概念也即核心概念，由"城镇化""人口城镇化""民族地区人口城镇化"等三个层层递进又紧密相联的概念组成。

一　城镇化

理解"城镇化"和"人口城镇化"是理解本书的关键，而"城镇化"又是理解"人口城镇化"的前提。

"城镇化"一词起源于拉丁语"urbs"，自西班牙工程师塞达于1867年提出后，至20世纪，这一名词已经在全世界范围内被多数学者接受。那么，究竟什么是"城镇化"？在我国，自20世纪70年代后期学术界引入"Urbanization"一词，其翻译就有多种，如"城镇化""城市化""都市化"等，反映着不同学科的不同关注点。从表面上看，三个词并无本质的区别，可以同时并存、等同使用。[1] 但本书认为，从追本溯源和细微处来看，"城镇化""城市化""都市化"三者之间还是有所差别的，不能完全等同。一般认为，"城镇化"是"城市化"的初级阶段，也是中国特色的城市化。[2] 而"都市化"则一般见于人口地理学家的表述中，认为"都市

---

[1] 田明：《城镇化与城市化概念及其使用的前因后果》，《学习时报》2014年3月31日。
[2] 潘启云：《西部欠发达地区城镇化路径与模式》，经济科学出版社，2012，第12页。

化"是"城市化"的更高阶段，是城市化地区的内部再升级。① 基于此，从中国的发展阶段来说，本书认为"城镇化"的提法更确切一些。从而，除了在一些地方本着尊重原作的表述可能会同时出现"城镇化""城市化""都市化"等用法，多数情况下统一表述为"城镇化"。

具体说来，关于什么是"城镇化"这一问题，在塞达刚刚提出"城镇化"时就已很明确。在塞达那里，"城镇化"是用来大致描述乡村向城市演变的过程。自此后，虽然具体内容有所不同，但城镇化作为一种"过程"却得到了大多数人的一致认可。1942年霍普·蒂斯代尔在《城市化过程》中具体定义了这一过程，"城市化是一个人口集聚的过程。其发生方式有两种：集聚点的不断增加和单个集聚点范围的不断扩大……城市化是一个渐进的过程。它意味着……从集聚性较弱的状态向集聚性较强的状态转移"。② 而库兹涅茨在《现代经济增长》一书中对城市化的过程进行了更为清晰的描述，也更具有代表性。库兹涅茨通过描述现代经济的特征来定义城市化，他认为："在当今时代，发生了以下这些产业结构的变化：产品的来源和资源的去处从农业转向非农业生产活动，即工业化过程；而且城市和乡村之间的人口分布发生了变化，即城市化过程。"③ 综合蒂斯代尔和库兹涅茨的观点，可以看出，城镇化是与工业化过程和经济发展相联系的，是伴随工业化过程和经济发展，乡村人口及其他要素不断向城镇聚集的过程。由于工业化过程和经济发展都较为缓慢，城镇化也是一个自然的、社会历史的过程。如西方自18世纪60年代工业革命开启并带动经济大发展以来，经过了200多年才完成了城镇化。

乡村人口向城镇聚集、流动的原因，可用"推—拉"理论进行解释。"推—拉"理论认为，人口发生迁移的因素是由于迁出地有"推"的力量和迁入地有"拉"的力量共同起作用的结果。就城镇化的"推"的一面来说，即乡村社会存在推动农民流向城镇的因素。这些因素包括农村环境不

---

① 苗毅、王成新、刘倩：《都市化与城市化浅议》，《合作经济与科技》2017年第19期。
② 转引自〔美〕布赖恩·贝利《比较城市化》，顾朝林等译，商务印书馆，2012，第31~32页。
③ 转引自黄向梅、夏海勇、何暑子《产业变迁与城市发展类型实证研究》，《现代经济探讨》2012年第6期。

佳、生活不便、居住条件差、农业生产收入低、精神生活匮乏等。"拉"的一面，则是由于城镇具有便利的生活条件、良好的基础设施、丰富的娱乐场所、众多的工作机会、较高的收入等而吸引农村人口流入。当然，这种城乡间的优劣以及引发的人口迁移方向是相对的，也是具有历史阶段性的。当城镇化完成，特别是大城市的人口聚集急剧扩大的时候，城镇化的负面影响就开始凸显，如过于拥挤的环境、恶化的居住条件等，即出现了所谓的"城市病"。于是，一部分城镇人口厌恶城镇生活而向往乡村的自由、绿色的环境、简单的人际关系等优势，开始从城市迁移到乡村，形成了"逆城市化"的现象。然而正如阿德纳·费林·韦伯在19世纪末所观察到并做结论的那样，"城市化的好处多于坏处"。①

对于中国而言，整体城镇化率仍处于较低水平，常住人口城镇化率与发达国家80%的平均水平还有很大差距，城镇化水平有很大的上升空间，长期以来的城乡二元结构发展形成的城乡发展差距显著，城镇化的"推—拉"作用还很强大，因此，大力推进城镇化仍然是中国现阶段的发展关键。

二　人口城镇化

新中国成立初期，由于国内外局势对新生政权存在很大的威胁，受苏联一战后快速崛起和二战后社会主义强国地位的影响，以及抗美援朝战争中体现出的与西方国家整体国力和工业能力的巨大差距的刺激，中国也开始走重工业优先发展的道路，特别是在"赶英超美"的口号下，重工业优先发展被放到了绝对地位。为了集中优势发展重工业，中央采取的措施是限制城镇化发展，以避免出现拉美的"贫民窟"和"城市病"现象。为此，相应的政策就是通过户籍制度、土地制度、就业制度、住房制度、社会保障制度等，把城镇和农村采取二元化治理模式分割开来，把农村人口限定在农村范围，严格控制其流入城镇。这种状况持续多年。由此导致的后果就是工业化发展和城镇化发展程度很不一致，城镇化远远落后于工业

---

① 转引自〔美〕布赖恩·贝利《比较城市化》，顾朝林等译，商务印书馆，2012，第9页。

化发展，也由此造成农村的发展程度低下，长期处于贫穷落后的状态。

改革开放后，重工业优先的发展战略得到了转变，国家开始实施以经济建设为中心，尤其是社会主义市场经济的实行，经济发展规律得到尊重，重工业、轻工业、农业得到协调发展，在继续发展工业化的同时，城镇化进程也得以加快发展，缩小了与工业化的发展差距。然而，由于对城镇化的发展规律认识不足，在城镇化过程中，把精力、政策、项目都集中于发展地级以上的城市，即所谓"经营城市"，其结果是城市面积急剧扩大。然而由于土地制度、户籍制度、社会保障制度、住房制度、就业制度等尚在进行中，破除城乡二元结构的任务远未完成，农村人口转移进城还有很大困难。这就造成了中国的城镇化规律是，城市看上去扩大了，人却没有进入城市，是一种"要地不要人"的城市化。这是我国的一个非常显著的特点。[①] 我国这样一种特点的城镇化，就被称为"土地城镇化"。而与之相对应的则为"人口城镇化"。对比两种城镇化，习近平总书记专门强调了"城镇化不是土地城镇化，而是人口城镇化"的思想。由此，从"人要进入城镇"来看我国的"人口城镇化"，它就应包含两个方面的内涵：一是原本未被统计为城镇居民的所谓"农民工"成为城镇居民；二是目前仍在农村的人口进入城镇成为城镇人口。除特殊说明外，本书的"人口城镇化"就包括这两方面的内容。综合起来看，就是户籍农民进入城镇成为城镇户籍居民的过程。

三　民族地区人口城镇化

上文明确界定了城镇化与新型城镇化的内涵，为探讨民族地区人口城镇化提供了基本前提与逻辑。要掌握民族地区人口城镇化的含义，必须首先界定"民族地区"。

（一）民族地区

在我国，"地区"有几种含义。一是指一种行政划分单位，是作为省级和县级间的一种派出机构。1975 年以前称专区，设专员公署。始设于国

---

① 《新型城镇化和城镇化的区别》，http：//www. dychx. com/zxcgh/article. asp？id＝26019。

民政府时期，中华人民共和国成立后沿用。后称地区，设行政公署。二是指一个较大的"地方"，这个"地方"常常以一种"观念"形式存在，没有具体的范围，甚至没有明确的边界，只有大致的范围。其划分标准多样，可以是语言、文化、风俗，如"闽南地区"；也可以是经济发展程度，如"贫困地区""发达地区"等；还可以是地理方位，如"东、中、西部地区""西南地区"等；又可以是地理特色，如"沿海地区""沿边地区""石漠化地区"等。范围上既可以指一乡、一县，也可以指一市、一省，甚至可以指多乡、多县、多市、多省。本书所讲的"民族地区"，是第二个含义，这里的"民族"根据约定俗成是指少数民族。由此，"民族地区"就是指少数民族聚居的地方，在我国一般指"民族乡""民族县""民族自治区"等民族自治地方。为研究的便利和需要，本书的"民族地区"范围为民族八省区①，包括内蒙古、广西、贵州、云南、西藏、宁夏、青海、新疆。

（二）民族地区人口城镇化

民族地区作为一种特定的区域，其人口城镇化的内涵既与一般地区城镇化含义相同，也有着自身特定的含义。从一般意义上讲，民族地区人口城镇化是少数民族聚居地区的人口城镇化进程。从特定含义上说，民族地区人口城镇化是民族聚居地区农村人口向城镇迁移的过程。其迁移的城镇，既可能是本民族地区的城镇即"省区内流动"，也可能是跨越本民族地区的城镇即"省区外流动"。本书将民族地区人口城镇化限定在民族地方内，以省区为单位，强调省级单位制定的公共政策。

第四节　理论基础

掌握必要的理论，是分析问题和解决问题的前提，也是指导实践的必备武器。本书在研究民族地区人口城镇化就业方面，认为需要运用以下理

---

① 李臻：《习近平关于民族地区集"六区"于一身是我国"家底"的论断》，《贵州民族报》2016 年 12 月 19 日第 A1 版。

论来展开分析。

一 政治系统理论

政治系统理论是由美国政治学家戴维·伊斯顿创立的一种用于分析政治和公共政策产出的理论。该理论认为，政治生活是一个行为系统，它处在一个环境之中，本身受环境的影响，又对环境产生反作用。环境分为两个部分：社会内部和社会外部。社会内部系统包括经济、文化、社会结构或人的个性这样的各种行为、态度和观念。社会外部系统即那些所有处于某社会本身以外的系统，包括国际政治系统、国际经济系统或国际文化系统。[①] 环境对政治系统的影响叫输入，输入主要有两种，即"要求"和"支持"。"要求"可以是意向的表达，也可以是约束性决策的需求，还可以是意识形态等，"就是说要求实现以自我为核心的目标，或者很可能是说意欲寻求某种政治决策，以便把各种职责和繁多的义务强加于系统的全体成员"。[②] "支持"是个人或团体接受选举结果、遵守法则、纳税并赞同政府采取的干预行动。要求过多或支持过少都会给政治系统造成压力。政治系统为了维持自己的生存和发展，必须对压力做出反应。要求和支持输入政治系统后，经过转换过程成为政治系统的输出，从而对社会做出权威性的价值分配，即公共政策。随着政治系统的输出和政策的实施，政治系统又反馈于环境。反馈这一概念意味着公共政策（输出）可能改变环境，改变环境提出的要求，以及改变政治系统的自身特点。政策输出可能会产生新的要求，而这种新的要求将进一步导致政治系统的政策输出。在政治系统循环往复、不断变化的运动过程中，公共政策源源不断地产生。[③] 因此，按照政治系统理论，公共政策就是政治系统的产生，是对周围环境所提要求的反应。

政治系统理论对后世影响很大，主要在于其决策分析方法蕴含着巨大

---

① 〔美〕戴维·伊斯顿：《政治生活的系统分析》，王浦劬等译，华夏出版社，1989，第24~25页。
② 〔美〕戴维·伊斯顿：《政治生活的系统分析》，王浦劬等译，华夏出版社，1989，第44页。
③ 王勃：《当代中国公共利益表达机制研究》，硕士学位论文，陕西师范大学，2011。

的科学性，是现代政策研究的重要方法。这一方法提醒我们，公共政策的产出和实施过程中，要注意与环境的相互作用。本书将运用伊斯顿的政治系统理论，提出政府政策的模型构建。通过实证分析民族地区人口城镇化的就业形势、就业意愿、就业能力和就业需求等，构建一个政府促进民族地区人口城镇化就业的"输入—转换—输出"的公共政策过程和模型。

二　政府回应论

"回应"，在字面意思上，是"回答""应答""响应"的意思。"政府回应"即指政府要回应公民的利益诉求。正如斯塔林（Grover Starling）认为，回应是指政府对公众关于政策变革的接纳和对公众的要求做出反应并采取积极措施解决问题，是应答、回复和把承诺转化为实践的过程，即通过政府对公众和公众对政府的双向互动（回应）实现的。① 政府对公众的回应主要是通过制定公共政策实现的。

政府需要对公民的诉求做出回应，一般基于两个理论前提。第一个前提是人民主权论。人民主权论即认为国家是属于人民的，人民拥有主权，拥有国家最高权力，政府的权力是人民授予的，要对人民负责，在这个意义上，如金（C. S. King）和斯蒂弗斯（C. Stivers）在《政府与我们为一体》中所言："我们不要忘记，政府是属于其公民的，应将公民置于首位，政府强调的重点不应放在为政府这艘航船掌舵或是划桨上，而应放在建立明显具有完整性和回应性的公共机构上。"② 因此，在人民有就业需求时，政府就应当制定出公共政策来回应。第二个前提是治理理论。现代治理理论认为，公共事务的管理主体是多元的，除了政府外，其他公共组织、私人组织等都能作为主体参与治理过程。政府只是众多的治理主体之一。而人口城镇化中的就业问题，作为一个公共事务问题，也是城镇治理中的问题，公民作为主体之一，有权参与，有权表达诉求，政府作为公共政策的制定者，应与这种诉求进行互动，最终制定出反映诉求的公共政策。

① 转引自刘东杰《基于多中心治理的公共政策产出机制研究》，《云南社会主义学院学报》2013 年第 1 期。
② 转引自罗文剑《行政成本过度增长与制度控制》，《江西社会科学》2013 年第 4 期。

第五节　研究方法与资料来源

一　研究方法

任何研究都需要配合以方法。方法正确、恰当，不仅有助于解释和分析研究对象，而且使得研究的开展过程更为顺利，达到事半功倍的效果。本书在总体上采用综合研究方法。综合研究方法包含两个方面的内容：一是宏观上采用政治学、经济学、社会学等跨学科的综合方法；二是具体地、微观地采用文献分析、个案调查、问卷调查与计量分析、比较分析等综合方法。

（1）跨学科综合的方法。本书的研究对象是民族地区人口城镇化的就业问题，是传统"三农"问题在城镇化背景下的扩展，具有很强的时代性与现实性。依据伊斯顿的政治系统理论，就政治系统的政策输出过程来说，"输入"端既是起点，也是"关键性标志"[①]，而本书的"输入者"正是作为人口城镇化就业的主体的农民。农民在人口城镇化过程中的地位是中国新型城镇化的主要内容，也是人口城镇化就业的依据。明确人口城镇化就业中的农民主体地位，才能深刻揭示出人口城镇化就业中的矛盾所在，找到解决问题的根本方法。人口城镇化就业在任何国家都从来不是一个单一性问题，而是一个综合性问题，涉及政治、经济、社会等方面。相应的，其研究也需要从政治学、经济学、社会学等方面切入。

（2）具体方法运用的综合。本书在研究过程中需要掌握大量有关民族地区人口城镇化就业的资料，包括纵向的历史与现实的资料，也包括横向的不同省区的资料，因而需要运用文献分析法。本书以广西壮族自治区为个案，通过运用问卷调查法了解广西农民进城就业的现状、制约因素、需求等，并进行统计的定量分析，以求得出较为科学的认识。同时，为更好地认识民族地区人口城镇化就业的特点与规律，本书还分析了发达地区人

[①]　〔美〕戴维·伊斯顿：《政治生活的系统分析》，王浦劬等译，华夏出版社，1989，第30页。

口城镇化就业的特点与规律，并将二者做了比较，是为比较分析法。

二　资料来源

为开展本书的研究工作，课题组首先是通过所在单位的图书馆、资料室并运用网络，查阅了大量文献资料，包括专著、期刊论文、报纸及统计年鉴等。其次是制作了关于广西人口城镇化中的就业问题的问卷，并在南宁市三塘镇村庄进行了试调查，根据试调查出现的问题，对问卷进行了修正，然后再对境内 1500 多名广西壮族自治区内农民进行了正式调查。最后，课题组于 2017 年 4 月对南宁市马路市场农民工进行了深度访谈，获取了进一步的信息。

第六节　研究思路与框架结构

一　研究思路

本书以广西这一多民族聚居区域为例，在综合调查 20 多个乡镇的基础上，围绕如下思路展开研究。先是分析民族地区人口城镇化的背景，说明民族地区开展实施人口城镇化的必要性与紧迫性。以此为前提，探究广西人口城镇化就业的形势，以期掌握广西人口城镇化就业的现状。本书认为，要对广西人口城镇化就业有全面认识，需进一步了解广西人口城镇化就业的特点与规律、制约因素与需求。本书根据伊斯顿的政治系统理论，利用"输入—转换—输出"的公共政策模型，提出民族地区人口城镇化就业的促进政策建议，并提出了民族地区人口城镇化就业的乐观展望。

二　研究架构

依据上述研究思路，本书在内容上除去第一章绪论部分关于写作问题的提出、文献综述、基本概念、理论基础等内容外，主体内容集中在第二至六章，其具体内容如下。

第二章是讨论民族地区人口城镇化的基本逻辑。主要阐述民族地区为何要实施人口城镇化？其必要性和意义是什么？本章从价值逻辑、现实逻辑与政策逻辑三个方面对此进行分析，认为这三重逻辑共同导向了民族地区开展实施人口城镇化的时代紧迫感。这是本书研究的基础。

第三章探讨广西人口城镇化的就业形势。以广西为例，本章分析了民族地区人口城镇化的现状。在此基础上，探讨了民族地区人口城镇化就业的形势，从机遇与挑战两个方面进行论述。机遇上，从国家战略、自治区政府政策、广西"大县城"战略、东部沿海地区产业转移等几个方面展开。挑战上，则从中小企业数量、经济发展水平、就业总量与就业结构、用人单位文化程度需求等方面进行论述。

第四章分析广西人口城镇化就业的特点与规律。要全面把握民族地区人口城镇化就业的现状，还需要了解其就业的特点和规律。而要了解民族地区人口城镇化就业的特点和规律，需要有其他地区作为参照。为此，本章首先对发达地区人口城镇化就业的特点与规律进行了分析，包括就业渠道、就业去向、就业领域等方面，其次从就业意愿、就业去向、就业领域、就业渠道等对广西人口城镇化就业情况做了描述，通过与发达地区人口城镇化就业情况的对比，认识民族地区人口城镇化就业的特殊性与规律。

第五章着重论述广西人口城镇化就业的制约因素。本章首先从主客观两个方面分析了民族地区人口城镇化就业的制约因素。客观制约因素由区域产业结构、农村劳动力转移的制度、就业机会、城镇治安、城镇居民态度等方面说明，主观制约因素则从民族地区农民的文化素质、城镇就业能力等方面分析。紧接着，本章还实证调查了民族地区农民城镇化就业创业的需求。

第六章是总论，提出政府促进民族地区人口城镇化就业的政策建议。从民族地区农民城镇化就业需求出发，依据"输入—转换—输出"的公共政策过程和模型，本章着重提出了民族地区人口城镇化就业的促进政策。主要内容分为两个方面进行论述。一是从建立完善民族地区人口城镇化就业的公共政策的角度，包括壮大市县中小企业与私营经济发展、降低民族地区劳动力转移就业的成本和风险、健全劳动力市场机制、加强农村基础教育、加强农民职业技能培训、全面清理歧视性用工政策、出台特色城镇建设的配套政策等。二是从优化民族地区人口城镇化创业的公共政策角度，包括的政策建议有优化农民进城镇创业的环境、加大农民创业的金融政策支持、积极实施农民创业培训的政策等。

第七章是结语与展望。在前述的研究基础上，本章对全书进行了全面的总结，依据中央重视、自治区党委和政府重视以及东部沿海发达地区产业转移的事实和趋势，提出了政府促进民族地区人口城镇化就业具有美好前景的展望。

最后，为了便于研究者进一步研究和其他地区了解、借鉴广西目前正在实施的有关推进城镇化发展尤其是促进人口城镇化就业的政策，特将所收集的广西近年来出台的一些主要政策附录于后，以飨读者。这些政策涉及财政、户籍、土地等方面，均是实施新型城镇化战略的重要基础，其意义自不待言。

| 第二章 |

民族地区人口城镇化的基本逻辑

要进行民族地区人口城镇化就业的研究，首先要解决的问题是，民族地区为什么也要大力推进人口城镇化建设？它是在一个什么样的逻辑下展开实施的？抑或说，民族地区人口城镇化的理由是什么？为什么当下这么迫切？对此问题，本书认为，民族地区大多地处祖国边陲，是国家重要的战略屏障，其特殊的内外部环境和多民族、多宗教、多文化、多生态等人文地理区域，使得民族地区的城镇化道路相对更加复杂，也更具特殊性[1]，因而其人口城镇化也更具内在价值。其实施逻辑，可从价值逻辑、现实逻辑和政策逻辑三个层面来理解。

第一节 民族地区人口城镇化的价值逻辑

此处说的价值逻辑，即指从理论上解释民族地区人口城镇化的意义和作用。这是推进实施民族地区人口城镇化的原动力。这些价值综合性地体现在促进民族地区经济增长、增加民族地区农民收入、增进民族交融和民族团结、提高民族地区城镇化率等方面。

一 促进民族地区经济增长

城镇化特别是人口城镇化与经济增长具有很强的内在关联。这些关

---

[1] 张永岳、张传勇、胡金星：《"一带一路"战略下民族地区新型城镇化路径探讨》，《西南民族大学学报》（人文社会科学版）2017 年第 1 期。

联，可从人口城镇化优化了城乡人职匹配关系、提供了经济增长所需的劳动力资源、扩大了城镇内需等方面得到解释。

（一）人口城镇化优化了城乡人职匹配关系

"人职匹配"是 1909 年美国波士顿大学教授弗兰克·帕森斯（Frank Parsons）在其《选择一个职业》一书中提出的一种关于职业选择的理论。20 世纪 60 年代，美国职业心理学家在帕森斯的观点的基础上，结合当时的人格心理学概念，进一步发展出了"人职匹配"理论。所谓"人职匹配"，就是人的个体差异是客观存在的，每个人都有自己独特的能力模式和人格特性。而每一种职业由于其工作性质、环境、条件、方式不同，对人的能力、知识、技能、性格、气质、心理素质等要求也不同。因而，进行职业决策（如选拔、安置、职业指导）时，就要根据一个人的个性特征来选择与之相对应的职业种类，即进行人职匹配。①

我国是一个人口大国，同时也是一个农业大国，自古以来农民占全部人口的绝大多数。然而另一个事实是，随着人口的增多，人均占有耕地面积相对减少，二者呈反向关系。到了 20 世纪八九十年代，二者已表现出"占世界 7% 的耕地，养活了世界 22% 的人口"这样一种现象。而这"世界 22% 的人口"中，有 80% 为农民。但要注意的是，这里的"养活"实际上只是一种最低程度的生命的存在，也即解决的是一种基本的温饱生存问题，与高质量的生活还有很大差距，与小康生活质量的要求也很远。除物质生活，农村在精神生活方面也比较匮乏，单调、枯燥、乏味，是大多数人尤其是年青一代对农村生活的总体认识，对城镇的向往是其普遍心态。由此，一方面是农民多、人均耕地少，农村剩余劳动力绝对数量大；另一方面是年青一代多数不愿留守农村从事农业，渴望进入城镇务工，寻找到自己的人生价值和意义。通过城镇化，进入城镇的青壮年农民能够结合自身的知识、能力、个性、特长等方面的情况，从事相应的工种，不仅得到了收入，而且实现了离开农村、不再从事农业，在城镇中找到自己愿

---

① 储苏凯：《性格色彩学在大学生职业生涯规划中应用的理论设想》，《宁德师范学院学报》（哲学社会科学版）2013 年第 2 期。

意从事的职业，这实际上也是一种人职匹配关系，实现了人力资源的最大化利用。人职匹配的形成，既使农村中留下来的是真正愿意从事农业的农民，缓解了人地矛盾，也使进入城镇的农民由于职业匹配原因而心情愉快，工作积极性高，这对于城乡经济的发展都大有益处。

（二）人口城镇化提供了经济增长所需的劳动力资源

改革开放 40 年来，中国经济实现了快速增长，以年均近 10% 的增长速度使中国经济规模一跃上升到世界第二，成为世界经济增长的"中国奇迹"。而这一"奇迹"背后，与中国巨大的"人口红利"有关。

"人口红利"是人口学中的一个专有词语，指的是一国人口生育率的迅速下降在造成人口老龄化加速的同时，少儿抚养比亦迅速下降，劳动年龄人口比例上升，在老年人口比例达到较高水平之前，将形成一个劳动力资源相对丰富、抚养负担轻、于经济发展十分有利的"黄金时期"。[①] 新中国成立后我国有三次人口生育高峰期，分别为：1953～1957 年为第一次人口生育高峰，此期间，全国人口约增加 5860 万人，平均每年约增 1460 万人，比新中国成立初的头三年平均每年约增加 1110 万人，每年多增加近 360 万人，这一次人口生育高峰人口年均增长率为 24%；1963～1972 年为第二次人口生育高峰期，这次高峰期长达 10 年，人口的平均增长速度达到 26%，加上人口基数增加等因素，每年净增人口达 1940 万人以上，比前一次人口生育高峰每年净增人口 480 万人；从 1986 年开始持续到 1995 年，我国进入了第三次人口生育高峰期，有 3.6 亿人已陆续进入婚育期。[②] 正是这几次人口生育高峰，为我国改革开放后的经济快速增长提供了源源不断的劳动力资源。人口红利使我国能以大量的劳动力及低成本的劳动力资源吸引外资，促进地方经济发展。如人口学家王丰所言："中国过去三十年的经济快速增长，除了制度变化的因素外，在相当大的程度上受益于人口转变过程中所产生的人口红利，即由于年轻劳动力人口占总人口比例扩大而带来的经济收益。这部分年轻劳动力与大量的外来资本结合，造就了

---

① 耿相魁：《"人口红利"的作用及我国应采取的对策》，《中共石家庄市委党校学报》2010
年第 12 期。
② 刘利民：《中国的三次人口生育高峰》，《经济工作通讯》1989 年第 5 期。

历史性的无法重复的经济增长。"①

　　在我国这样一个处于现代化初期的国家，经济发展领域主要在于劳动密集型产业领域，对劳动力资源的依赖程度更深。而劳动力资源的提供主要在于两个方面。一是农村劳动力。在我国，农业虽然是第一产业，但对于经济增长的贡献，却远远落后于工业和服务业。工业主要集中于城镇，由于农村人口原本基数大，加之计划生育政策在农村的执行相对宽松，以及农民属于体制外身份，突破国家计划生育政策的可能性较大，因而人口生育率高，劳动力数量庞大。二是民族地区农村劳动力。由于民族政策等原因，民族地区农村的计生政策也相对较为宽松，少数民族人口出生率有所提高，成为城镇工业劳动力的重要来源。在人口红利阶段，我国每年能够向城镇供给的劳动力总量约为 1000 万人，在远未达到高度现代化的阶段，在劳动力仍然是投资的比较优势的阶段，劳动人口比例较高，就成为经济增长的有力保障。

（三）人口城镇化扩大了城镇内需

　　长期以来，经济学界均认为，拉动一国经济增长主要靠"三驾马车"，即投资、消费和出口。这也是我国经济增长的奥秘所在。就投资来看，如上述所言，劳动力比较优势成为投资的重要考量，既是人口城镇化的拉动原因，也成为人口城镇化的结果之一。而消费，主要是指国内消费。有研究表明，消费需求与人口因素密切相关，容易受到人口因素几个方面的影响：人口规模、消费人口的购买力水平、人口结构、人口流动等。② 就人口城镇化而言，虽然不能迅速地直接提高购买力水平，但在提升人口规模、改善人口结构、人口流动增加市场需求等方面具有直接影响。

　　改革开放以来，我国在土地制度、户籍制度等方面的改革，使得农村人口有了进入城镇的可能，也由此引致了 20 世纪 90 年代前后大量农民"洗脚上岸"，通过"离土又离乡""离土不离乡"等方式进入城镇，成为"农民工"。迄今，我国城镇已有近 3 亿农民工。③ 农民工的大量流入，扩

---

　　① 王丰：《全球化环境中的世界人口与中国的选择》，《国际经济评论》2010 年第 6 期。
　　② 李竞能：《人口因素对市场消费需求的影响》，《市场与人口分析》1995 年第 1 期。
　　③ 张翼：《五个关键词看近 3 亿农民工现状》，《光明日报》2017 年 4 月 29 日第 2 版。

大了城镇的人口规模，这是市场消费的基础。同时，农民工的大量流入还改变了城镇的消费群体结构。在消费群体结构中，青壮年为消费的主力。进城农民工普遍以 18～50 岁为主，他们的流入，使得城镇青壮年比重增大，从而也改变了城镇人口的消费群体结构。青壮年既是收入的主体，也是消费的主体。青壮年流入城镇的数量越大，对产品（商品）、服务的需求就越多。因此，"一般认为，大规模的国内人口流动，尤其是乡村人口向城市的大量流动，除了他们的日常生活需要会增加市场消费需求外，至少会在城市基础设施、住房、交通和公用服务事业等方面扩大消费需求和投资需求"。① 这是民族地区经济增长的必要条件。

二 增加民族地区农民收入

首先，从人口城镇化的流出地农民来看。在农村人口被限定在农村时期，大量农民劳动力被挤压在有限的土地上，使农业长期呈现出劳动"过密化"② 增长现象。土地制度和户籍制度的改革，使农民可以流入城镇。对于流出地来说，即意味着剩余劳动力有了出路，同时也意味着农村原本紧张的人地关系得到了纾解，使用适当的人力配备就可以耕作原有的土地，节省了人力成本，或者通过简单机械的使用可以流转更多的土地进行耕作，提高了劳动生产率。另外，大量青壮农民流入城镇，其身份就由原来的农产品供给者变为农产品消费者，反过来也增加了农产品的需求，提高了农产品的市场销量和价格。这都有利于增加流出地农民的经济收入。

其次，从人口城镇化的流出农民自身来看。作为农业剩余人口，大量青壮年留在农村并不能带来劳动收益，只会带来共同贫穷。而通过人口城镇化，富余青壮劳动力在城镇工业或服务业中谋求到一份职业，获得计时或计件工资，且有地区最低工资制度保障，收入来源较为稳定，获得的收

---

① 李竞能：《人口因素对市场消费需求的影响》，《市场与人口分析》1995 年第 1 期。

② 所谓"过密化"，简单地讲，就是农民在人口压力下不断增加水稻种植过程中的劳动投入，从而获得较高的产量。然而，劳动的超密集投入并未带来产出的成比例增长，反而出现了单位劳动边际报酬的递减，这种现象被称为"过密化"。

入也一般比从事农业的农民的收入要高出很多。

由此，人口城镇化不论是对于留守农村的劳动力而言，还是对于流出农民自身而言，都是提高农民收入的有效手段。这一点，不仅可以从理论上得到阐释，还能从实证上进行检验。① 因此可以说，凡是城镇化率高的地方，农民的收入也必定相对较高。

三 增进民族交融和民族团结

城市化过程本身也是城市多民族化、文化多元化的过程。② 由此，民族地区人口城镇化的另一个结果，就是增进了民族交融。这种交融，是通过民族间的接触、交往、交流、了解而达成的。

城镇不同于民族单一性较强的农村，城镇由于人口来源广泛，容易成为不同民族的聚集地，也是各民族文明聚集的场所。民族地区人口城镇化，就是给少数民族农民打开了一扇通往城市文明的窗口。经由这个窗口，少数民族农民在流入地城镇中与其他民族人员发生了接触，"移民作为一种活的文化载体，随着他们的迁移，必然会将迁出地的各种风俗习尚如语言、饮食、服饰、礼仪、风俗习惯等方面带到迁入地，并对迁入地的社会风尚产生不同程度的影响"③，民族间人口在城镇会聚，不仅在语言、服饰、饮食等外在方面彼此认知、相互吸引，而且在内在的思想、习俗、艺术，甚至宗教信仰上也发生着交流。如众多的少数民族来到珠三角，带来了各少数民族的饮食和文化艺术，使珠三角城市的物质和文化生活多姿多彩，丰富了人们的生活。来自民族地区的瓜果、副食品琳琅满目，珠三角城市的市场格外繁荣。各种民族风味小吃，使城市的居民领略到天南海北的各种美味佳肴。深圳民俗文化村的各少数民族"村寨"，每天都吸引了数以万计的游客。全国各少数民族的歌舞团、艺术团经常不断地到珠三角的城市（特别是广州、深圳这样的大城市）演出，让人们欣赏到他们精

---

① 朱一鸣、董运来：《河南省城镇化与农民收入增加的关联性》，《沈阳师范大学学报》（社会科学版）2013 年第 6 期。
② 李吉和、范才成：《论少数民族流动人口与民族交融——基于中、东部地区穆斯林群体的研究》，《中南民族大学学报》（人文社会科学版）2012 年第 3 期。
③ 王雪莉：《北方移民与南宋浙江服饰变迁》，《黑龙江史志》2010 年第 21 期。

湛的文化艺术。① 通过民族聚集和彼此间的持续接触，民族间的了解程度会不断加深，彼此间概念化印象或误解会得以消除，相互之间尊重包容，相同点逐渐增多，使民族间的共性不断向前发展，民族融合的趋势得到增强，在这一过程中有利于民族团结和谐。

四 提高民族地区城镇化率

城镇化率的提高，一是依靠城镇人口自身出生率的提高，加大城镇人口的比重，二是依靠外来人口的流入而获得直接的、迅速的人口增长。就第一种方式而言，由于我国城镇数量较少，处在"汪洋大海"般的农村的包围之中，人口基数少，且由于计生政策及生养小孩的现实压力，其人口出生率不高，提高其自身人口比重难度较大。第二种方式却较为易行，只要放开外来人口进入城镇的户籍、学历等门槛限制，就可以快速增加城镇人口，从而提高城镇化率。我国的许多城镇都是以这种方式快速实现人口增长的。如深圳市，在改革开放初期只是一个破落的小县城，后在经济特区政策下，大量引进外来企业和吸收外来务工者，由此迅速发展壮大，到今天已是一个稳居中国前四的一线城市，其人口超过2000万人，100米以上摩天大楼近1000栋，实现100%城市化，外来人口占95%以上，平均年龄只有32.5岁。② 对于民族地区也同样如此，农民走出大山，进入城镇，不仅是增加收入的方式，也是提高城镇化率的主要方式。

第二节 民族地区人口城镇化的现实逻辑

民族地区人口城镇化的现实逻辑，就是要了解民族地区人口城镇化在现实中有什么必要。这一必要性，可主要从民族地区的城镇化率偏低、民

---

① 李吉和、范才成：《论少数民族流动人口与民族交融——基于中、东部地区穆斯林群体的研究》，《中南民族大学学报》（人文社会科学版）2012 年第 3 期。
② 李霞：《改革不停顿 开放不止步——深圳改革开放四十年启示》，《人民画报》2018 年 5 月 25 日，http://www.rmhb.com.cn/zt/zt2018/Reform40th/40n_dujia/201805/t20180525_800130731.html。

族地区经济社会发展滞后、民族地区农民城镇化意愿强烈等角度考察。

一　民族地区的城镇化率偏低

如果将历史的视界放宽，应该说，我国民族地区的城镇化历程要比汉族地区尤其是中原地区的城镇化进程晚得多。中国的地区发展史是以中原地区为核心，逐渐向外扩散的。当中原地区已出现先进的生产方式、完成国家建制并形成制度文明时，当今的民族地区还处于边陲的"蛮荒"地带。历史起步规制了发展程度。尽管民族地区也有自我发展的历程，但缺乏国家规划的、依靠自然发展的进度总是要慢得多。新中国成立后，民族地区由于战略地位重要和作为民族团结发展的前沿，其城镇化得以步入发展正轨。改革开放后，民族地区由于多处边境地带，成为对外开放的前沿阵地，城镇化发展速度更为加快。然而，一个基本现实是，发展到今天，民族地区总体城镇化水平与非民族地区城镇化的发展差距仍然较大并有进一步拉大的可能。这一现实差距可以用表 2 - 1 显示。

表 2 - 1　2017 年民族地区常住人口城镇化率

单位：%

全国平均	广西	新疆	宁夏	西藏	内蒙古	青海	贵州	云南
58.52	49.21	49.38	57.98	30.9	62.0	53.07	46.02	53.07

资料来源：国家统计局数据及各省区年度经济和社会统计公报。

从表 2 - 1 可见，2017 年末的 8 个民族省区常住人口城镇化率中，只有内蒙古自治区城镇化率要高于全国平均水平，宁夏回族自治区城镇化率接近全国平均水平，青海省、云南省城镇化率低于全国平均水平 5 个多百分点，广西壮族自治区、新疆维吾尔自治区城镇化率低于全国平均水平超过 9 个百分点，西藏自治区城镇化率约为全国平均水平的一半。需要说明的是，内蒙古自治区的城镇化率在 8 个民族省区中最为突出，比全国平均城镇化率要高 3.48 个百分点。其中原因既与内蒙古区域内地广人稀，草原农业又不需要太多的人力有关，还与内蒙古属于典型的资源型地区，大型厂矿多，国企多，投资力度大，在计划经济时代，城镇化方面的底子其实就较一般地方要好有关。不过，近年来由于产能过剩的压力，主要依靠资源发展的地区都出现了不同程度的转型困难，城镇化的质量也多少受到影响，内蒙古或也不例外。像鄂尔多斯的"空城"现象，就是一个值得警惕的信号。①

二 民族地区经济社会发展滞后

近现代世界发展史表明，一般而言，农业社会是与经济社会发展滞后相联系的，工业社会中的经济社会发展则相对进步。而工业化社会又一般与城镇化社会相伴随。因此，由农业社会向工业社会与城镇化社会转变，从而促进经济社会发展，便是一国或一地区发展的应然趋势。

民族地区几乎都处于我国的边疆地带，地理位置偏远，地形地貌复杂，或为山地，或为丘陵，或为高原，或为盆地，或为沙漠，农业生产条件较差，加上历史上开发较晚，以及边境地区所发生的多年的战争或战争威胁，同时还面临治安、防恐等问题的影响，难以成为投资开发的重点，也难以吸引外来技术和人才，导致经济社会发展较为缓慢。无论是在地区生产总值总量排名还是人均排名，无论是教育、科学、文化、卫生水平，还是社会大众相应的知识水平和文化素质水平方面，民族地区的发展程度都还很低。在农业比重逐年下降的当前，让民族地区剩余劳动力继续从事农业显然不利于地方经济社会发展，加速推进民族地区人口向第二、第三产业转移成为其脱贫致富的必然选择，人口城镇化也就成为必然方向。

三 民族地区农民城镇化意愿强烈

如果说前两个逻辑是基于一种客观事实与客观逻辑的话，那么，民族地区农民自身的城镇化意愿则可以说是一种主观需要的逻辑。

民族地区农民城镇化意愿，依据人口城镇化的界定从两个方面来考

---

① 《城镇化率中西部第二，人均 GDP 超广东，为什么是它？》，https：//mp. weixin. qq. com/s？_biz = MzIxOTQwNjE3MQ％3D％3D&chksm = 97da8c38a0ad052ebba5161f4381a75559cf6335b66 40a88427e6c96b41e2abc3b5aee10e6c1&idx = 2&mid = 2247484940&scene = 0&sn = d5491e320 521c9660f1c65b1df7f8548。

察：一是尚留守在农村的农民对进入城镇的意愿；二是已经在城镇的"农民工"对于成为"真正的城镇人"即城镇户籍人口的愿望。对于第一点，主要是由于城镇化的"推—拉"作用在民族地区更为明显。在民族地区农村普及用电以及随之而来的电视、通信、网络得到全面发展的今天，民族地区农民对外界的认识与了解日益加深，既能看到外面世界的精彩，也能发现自身居住地农村落后的现实，巨大的差距成为其城镇化意愿的最大动力。这一原理为本课题组的调查所证实。2014 年 12 月，本课题组组织学生对广西 14 个地市 20 多个乡镇共计 1500 余名农民进行了人口城镇化问题的问卷调查，结果显示：52.6% 的农民想成为城里人，即愿意进入城镇定居。对于第二点，即已经在城镇务工、生活的所谓"农民工"在户籍、社保、子女入学等方面被接纳为"真正城镇人"的意愿，这一点有学者的调查也表明了意愿较强。刘尚俊、蒋志辉对新疆阿克苏市 123 位少数民族农民工进行调查，结果显示其中有 86.7% 的农民工表示愿意市民化。① 以上数据可以部分反映出民族地区农民的城镇化意愿较为强烈。

第三节　民族地区人口城镇化的政策逻辑

政策逻辑，即民族地区人口城镇化是一种执政党与中央政府基于国家发展战略的需要，从政策上提出推进民族地区人口城镇化的要求。从我国执政党和中央政府的地位和关系上说，体现出很强的"政治与行政二分理论"② 的特点，即执政党更多的是负责政治性事务即国家意志的表达，制定国家的大政方针，而政府（在此指中央政府）负责执行国家意志，也即作为执政党政策的执行者。但在具体政策的执行中，政府也可能会出台行政政策。这样，在对于民族地区人口城镇化的政策上，就有执政党政策与中央政府政策两个层次。

---

① 刘尚俊、蒋志辉：《少数民族和汉族民工市民化意愿的差异化分析——以新疆阿克苏市农民工为例》，《塔里木大学学报》2016 年第 1 期。
② 古德诺：《政治与行政》，华夏出版社，1987。

一 党中央关于民族地区人口城镇化政策

应该说，党的城镇化政策不是最近几年才提出的，而是有着几十年的历程。[①] 但由于人口城镇化是对过往土地城镇化的反思与纠偏，党中央关于人口城镇化的政策是最近几年提出的。

党中央在新时期，提出城镇化战略名为"新型城镇化"，其主要思想是解决人口进入城镇并愿意和可能融入城镇的问题。为此，党中央在党的十八大率先提出了"新型城镇化"战略。（1）新型城镇化的地位。党的十八大报告提出了新型城镇化建设的发展战略，并提出了全面建成小康社会和全面深化改革开放的目标之一是要使"城镇化质量明显提高"[②]，强调要"坚持走中国特色新型工业化、信息化、城镇化、农业现代化道路"。"推动信息化和工业化深度融合、工业化和城镇化良性互动、城镇化和农业现代化相互协调。" "促进工业化、信息化、城镇化、农业现代化同步发展。"[③]（2）新型城镇化的具体路径。党的十八大报告提出，要"科学规划城市群规模和布局，增强中小城市和小城镇产业发展、公共服务、吸纳就业、人口集聚功能。加快改革户籍制度，有序推进农业转移人口市民化，努力实现城镇基本公共服务常住人口全覆盖"[④]。2012 年 12 月 16 日，中央经济工作会议召开，此次会议对城镇化的历史定位和发展思路进一步明确和细化，提出："城镇化是我国现代化建设的历史任务，也是扩大内需的最大潜力所在。" "要围绕提高城镇化质量，因势利导、趋利避害，积极引导城镇化健康发展。"还强调："要构建科学合理的城市格局，大中小城市和小城镇、城市群要科学布局，与区域经济发展和产业布局紧密衔接，与资源环境承载能力相适应。要把有序推进农业转移人口市民化作为

[①] 在新中国成立前夕，中共中央就已经认识到城镇化建设的问题。1949 年 3 月，在西柏坡召开的七届二中全会确定了党的工作重心由乡村转移到城市，就拉开了新中国城镇化进程的历史序幕。从 1949 年到 1958 年人民公社时期，中国的城镇化策略是以工业化带动城镇人口增长，使城镇化水平得以较快增长。

[②] 《中国共产党第十八次全国代表大会文件汇编》，人民出版社，2012，第 16 页。

[③] 《中国共产党第十八次全国代表大会文件汇编》，人民出版社，2012，第 19 页。

[④] 《中国共产党第十八次全国代表大会文件汇编》，人民出版社，2012，第 21 页。

重要任务抓实抓好。"① 十八届三中全会发布的《中共中央关于全面深化改革若干重大问题的决定》对新型城镇化进行了完整表述，即："坚持走中国特色新型城镇化道路，推进以人为核心的城镇化，推动大中小城市和小城镇协调发展、产业和城镇融合发展，促进城镇化和新农村建设协调推进。优化城市空间结构和管理格局，增强城市综合承载能力。""对吸纳人口多、经济实力强的镇，可赋予同人口和经济规模相适应的管理权。建立和完善跨区域城市发展协调机制。"② 这些表述为新型城镇化指明了发展路径。党的十九大报告对于城镇化政策的表述为"以城市群为主体构建大中小城市和小城镇协调发展的城镇格局"和"加快农业转移人口市民化"。可见，党的十八大以来，党中央不仅明确了走新型城镇化道路，而且明确了新型城镇化是"以人为核心"，要"推进""加快""农业转移人口市民化"的实现路径。

二　国务院关于民族地区人口城镇化政策

在党中央确立了新型城镇化战略的方向与路径的基础上，国务院作为国家行政机关，就有负责贯彻执行党的方针政策的职责，要负责实施新型城镇化的各项具体措施。在贯彻执行党的新型城镇化政策中，也形成了自身的具体政策。

在 2013 年 6 月 26 日召开的第十二届全国人大常委会第三次会议上，国家发改委主任徐绍史做了《国务院关于城镇化建设工作情况的报告》。报告中称，我国将全面放开小城镇和小城市落户限制，有序放开中等城市落户限制，逐步放宽大城市落户条件，合理设定特大城市落户条件，逐步把符合条件的农业转移人口转为城镇居民。③

国务院总理李克强 2014 年 3 月 5 日在政府工作报告中表示，今后一个时期，着重解决好现有"三个 1 亿人"问题：促进约 1 亿农业转移人口落

---

① 《中央经济工作会议闭幕　积极推进城镇化》，http://finance.sina.com.cn/china/hgjj/20121217/021914019761.shtml。
② 《中共中央关于全面深化改革若干重大问题的决定》，《人民日报》2013 年 11 月 16 日第 1 版。
③ 《国务院首次明确提出城镇化路径》，http://money.163.com/13/0627/13/92CL46F600253B0H.html。

户城镇，改造约 1 亿人居住的城镇棚户区和城中村，引导约 1 亿人在中西部地区就近城镇化。[①] "三个 1 亿人"问题，是基于这样的认识：中国城镇化的水平已经超过了 50%，2013 年城镇化率是 53.7%，城镇常住人口已经达到 7.3 亿人。并且这个过程远远没有结束，峰值估计是在 70% ~ 75%。按照规划目标，到 2020 年，中国城镇化率是 60%，2030 年将达到 66% 左右。也就是说从现在到 2030 年，中国还要新增城镇人口 3 亿人。[②] 2016 年 2 月，国务院印发《国务院关于深入推进新型城镇化建设的若干意见》（国发〔2016〕8 号，以下简称"意见"），意见指出，发展新型城镇化是现代化的必由之路，需要积极推进城镇基本公共服务常住人口全覆盖，组织实施农民工职业技能提升计划，每年培训 2000 万人次以上。意见同时指出，要"统筹规划、总体布局，促进大中小城市和小城镇协调发展，着力解决好'三个 1 亿人'城镇化问题，全面提高城镇化质量"。同时，要"积极推进农业转移人口市民化"，并且还提出了"加快建立农业转移人口市民化激励机制"。2017 年 1 月 25 日，国务院印发的《国家人口发展规划（2016—2030 年）》提出，2020 年全国总人口达到 14.2 亿人左右，2030 年达到 14.5 亿人左右。常住人口城镇化率 2020 年达到 60%，2030 年达到 70%。同时提出，常住人口城镇化率稳步提升，户籍人口城镇化率加快提高，主要城市群集聚人口能力增强。人口流动合理有序，人口分布与区域发展、主体功能布局、城市群发展、产业集聚的协调度达到更高水平。

为了使人口城镇化推进和实施更有力度，中共中央、国务院还印发了《国家新型城镇化规划（2014—2020 年）》（2014 年第 9 号），提出了要"加快转变城镇化发展方式，以人的城镇化为核心，有序推进农业转移人口市民化"。

由于党和国家都对人口城镇化异常重视，并出台了相关政策和具体措

---

① 李克强：《政府工作报告——二〇一四年三月五日在第十二届全国人民代表大会第二次会议上》，《人民日报》2014 年 3 月 15 日第 1 版。

② 方烨：《新型城镇化要高效、包容、可持续——中国经济 50 人论坛成员、国务院发展研究中心副主任韩俊》，《经济参考报》2014 年 5 月 12 日第 8 版。

施，民族地区人口城镇化也就在必然之中。尤其是"三个1亿人"问题，对于促进民族地区人口城镇化具有直接的引导作用。然而，"三个1亿人"问题及其他政策虽然有利于加快推进"农业转移人口市民化"，但无论是户籍制度改革，还是城镇棚户区和城中村改造，解决的只是"安居"的问题，问题是如果缺少了"乐业"，农业转移人口仍然无法在城镇"安居"。因此如何改善民族地区人口城镇化后的"乐业"问题，是人口城镇化的关键。

小　结

本章的主要任务，是解决先期的一个逻辑问题，即民族地区推进实施人口城镇化的必要性与意义。本章着重从价值逻辑、现实逻辑和政策逻辑三个层面来探讨这一问题。

价值逻辑上，也即要在理论上解释民族地区实施人口城镇化的意义和作用。为此，本章从有利于促进民族地区经济增长、增加民族地区农民收入、增进民族交融和民族团结、提高民族地区城镇化率等方面来展开论述。在有利于促进民族地区经济增长方面，主要是认为人口城镇化具有优化城乡人职匹配关系、提供经济增长所需的劳动力资源、扩大城镇内需等优势。在增加民族地区农民收入方面，主要从人口城镇化的流出地农民来看，意味着剩余劳动力有了出路，同时，大量农民流入城镇就反过来刺激了农产品的需求，能够提高农产品的市场销量与市场价格。从人口城镇化的流出农民自身来看，通过人口城镇化，在城镇就业能够获得较为稳定的收入来源。在增进民族交融和民族团结方面，人口城镇化扩大了民族间交往的空间，加深了民族间的了解程度，有利于消除彼此间的概念化印象或误解，对于建立互信、包容、团结的民族关系有巨大帮助。在提高民族地区城镇化率方面，放开外来人口进入城镇的限制使农民转移进入城镇，是提高民族地区城镇化率的主要方式。

现实逻辑上，主要从民族地区的城镇化率偏低、民族地区经济社会发展水平滞后、民族地区农民城镇化意愿强烈等带有紧迫性的问题进行阐释。民族地区的城镇化率过低，表现为到 2017 年末，8 个民族省区除内蒙古，其余常住人口城镇化率皆低于全国平均水平。民族地区经济社会发展水平滞后，突出表现为地区生产总值及教育、科学、文化、卫生水平，社会大众的知识水平和文化素质水平都较低。民族地区农民城镇化意愿强烈，则不论从未进城农民还是从已在城镇务工的农民来看，根据本书的实际调查与既有调查，民族地区农民愿意进入城镇就业居住，成为真正的城镇居民。

政策逻辑上，依据"政治与行政二分理论"，分别从党中央政策和中央政府政策两个层面，以及近年来出台的若干具体政策和措施，说明人口城镇化是党和国家当前和今后政策关注的重点，地方负有贯彻落实的责任。

以上三个逻辑，表明民族地区重视和推进人口城镇化无论从群众需求，还是从地区发展，抑或从党和国家的顶层设计而言，都具有客观性、紧迫性、现实性。

| 第三章 |

广西人口城镇化的就业形势

从本章开始,将以广西为例,探讨民族地区人口城镇化的就业形势、困境及其解决之政策。本研究认为,人口城镇化中的核心问题是就业问题。只有充分就业,获得稳定而持续的收入,才能在城镇立稳脚跟,具备在城镇生存发展的基础,因而进入城镇后的就业问题就成为人口城镇化发展的关键。评估民族地区人口城镇化的就业形势,则是明确政府职责以及政策制定的基础。

第一节 广西城镇化现状

要说明广西人口城镇化就业问题,首先要了解广西城镇化现状。

一 广西自然地理

广西壮族自治区地处祖国南疆,位于东经 104°28′ ~ 112°04′,北纬 20°54′ ~ 26°24′,北回归线横贯中部。广西东连广东省,南临北部湾并与海南省隔海相望,西与云南省毗邻,东北接湖南省,西北靠贵州省,西南与越南社会主义共和国接壤。行政区域土地面积 23.76 万平方千米,管辖北部湾海域面积约 4 万平方千米。土地总面积占全国土地总面积的 2.48%,在各省、自治区、直辖市中居第 9 位。地势上,广西地处中国地势第二阶梯中的云贵高原东南边缘,两广丘陵西部,南临北部湾海面。西北高、东南低,呈西北向东南倾斜状。山岭连绵、山体庞大、岭谷相间,四周多被山地、高原环绕,中部和南部多丘陵平地,呈盆地状,有"广西盆地"之称。地貌上,总体是山地丘陵性盆地地貌,分山地、丘陵、台地、平原、石山、水面6类。山地以海拔800米以上的中山为主,海拔400~800米的低山次之,山地约占广西土地总面积的39.7%;海拔200~400米的丘陵占10.3%,在桂东南、桂南及桂西南连片集中;海拔200米以下地貌包括谷地、河谷平原、山前平原、三角洲及低平台地,占26.9%;水面仅占3.4%。盆地中部被两列弧形山脉分割,外弧形成以柳州为中心的桂中盆地,内弧形成右江、武鸣、南宁、玉林、荔浦等众多中小盆地。平原主要有河流冲积平原和溶蚀平原两类,河流冲积平原中较大的有浔江平原、郁江平原、宾阳平原、南流江三角洲等,面积最大的浔江平原达到630平方千米。广西境内喀斯特地貌广布,集中连片分布于桂西南、桂西北、桂中和桂东北,约占土地总面积的37.8%,发育类型之多世界少见。①

二 广西城镇化水平

新中国成立以来,经过历次行政区划调整,截至2017年,广西壮族自治区辖14个地级市,7个县级市,64个县(含12个民族自治县),40个市辖区,799个镇,319个乡(含59个民族乡),128个街道办事处。首府为南宁市。

总体上说,广西城镇化建设与全国情况基本一致,经历了恢复起步(1949~1957)、大起大落(1958~1978)、稳步发展(1979~2003)、加速发展(2004年至今)等四个阶段。② 进入21世纪以来,广西城镇化率虽然有了很大提高,但是与全国平均水平相比,还是属于一个较低的水平。最新数据显示,2017年末广西全区户籍总人口5600万人,比上年末增加21万人。年末全区常住人口③4885万人,比上年末增加47万人,其中城

---

① 来源于广西壮族自治区人民政府门户网站。
② 杨一虹:《广西城镇化发展回顾梳理与分析》,《广西城镇建设》2014年第7期。
③ 常住人口指在广西居住半年以上的人口,以及户口在广西、外出广西不满半年或在境外工作学习的人口。

镇人口 2404 万人，占总人口比重（常住人口城镇化率）为 49.21%，比上年末提高 1.13 个百分点。户籍人口城镇化率为 31.23 %，比上年末提高 0.56 个百分点。①

2017 年末全国各省区市（不含港、澳、台）人口城镇化率统计显示，共有 6 个省份的城镇化率低于 50%，且均为西部地区。其中，广西城镇化率位列第 27 位②，仅高于云南、贵州、甘肃、西藏四省区，在 8 个民族省区中排名第五，而与全国平均城镇化率相比，低 9.31 个百分点。不管是在全国范围内还是在民族省区内，广西城镇化水平都靠后（见表 3－1）。

表 3－1　2017 年中国各省区市人口城镇化率排行榜

排名	地区	城镇化率（%）
——	全国	58.52
1	上海	87.70
2	北京	86.50
3	天津	82.53
4	广东	69.85
5	江苏	68.76
6	浙江	68.00
7	辽宁	67.49
8	福建	64.80
9	重庆	64.08
10	内蒙古	62.02
11	山东	60.58
12	黑龙江	59.40
13	湖北	59.30
14	海南	58.04
15	宁夏	57.98
16	山西	57.34

① 《2017 年广西壮族自治区国民经济和社会发展统计公报》，http://www.gxtj.gov.cn/tjsj/tjgb/qqgb/201804/t20180403_144087.html。
② 《2017 年中国各省区市人口城镇化率排行榜》，http://www.sohu.com/a/275242299_642249。

排名	地区	城镇化率（%）
17	陕西	56.79
18	吉林	56.65
19	河北	55.01
20	湖南	54.62
21	江西	54.60
22	安徽	53.49
23	青海	53.07
24	四川	50.79
25	河南	50.16
26	新疆	49.38
27	广西	49.21
28	云南	46.69
29	甘肃	46.39
30	贵州	46.02
31	西藏	30.89

在广西区内 14 个地级市中，城镇化内部差异很大，发展水平极不平衡。以 2017 年城镇化率为例，柳州市常住人口城镇化率已达 64.01%，户籍人口城镇化率为 49.53%。[①] 2017 年南宁市常住人口城镇化率虽未公布，但 2016 年这一数据已达 60.23%，2017 年广西常住人口城镇化率在 60% 以上的仍只有南宁和柳州两市。除梧州、北海、防城港市三市超过 50%，其余各市皆在 40% 上下。如果统计为户籍人口城镇化率，虽可查数据缺漏较多，但从可知数据及 2016 年数据推测，除南宁、柳州、梧州接近 50%，其余中小城市城镇化率普遍较低，皆在 15%～35%。可以说无论从常住人口城镇化率还是户籍人口城镇化率来看，广西人口城镇化率都较低（见表 3－2）。

---

① 《柳州市 2017 年国民经济和社会发展统计公报》，http://www.chamiji.com/201806036030.html。

表 3-2 2017 年广西各市城镇人口情况

地区	城镇常住人口			城镇户籍人口		
	人数（万人）	城镇化率（%）	城镇化率比上年提高（个百分点）	人数（万人）	城镇化率（%）	城镇化率比上年提高（个百分点）
合计	2404	49.21	1.13	——	31.23	0.56
南宁市	——	——	——	375.38	49.60	6.07
柳州市	256.03	64.01	1.00	——	49.53	0.20
桂林市	247.34	48.91	1.3	178.21	33.37	1.89
梧州市	156.90	51.67	1.08	163.7	46.89	0
北海市	96.01	57.7	1.41			
防城港市	53.94	57.37	1.01			
钦州市	127.77	38.95	1.15	65.16	15.9	1.12
贵港市	214.46	49.02	1.06		22	1.3
玉林市	280.02	48.19	0.92		33.66	0.1
百色市	132.35	36.30	1.11	106.26	25.45	0.64
贺州市	92.95	45.20	1.22			
河池市	130.60	37.07	1.01			
来宾市	97.08	43.76	1.57			
崇左市	79.88	38.28	1.07			

资料来源：概据 2017 年、2016 年广西各地市国民经济和社会发展统计公报整理。

　　不仅如此，广西城镇化还出现了三个不可忽视的趋势。一是常住人口城镇化进程放缓。二是户籍人口城镇化率增幅小，2016 年增幅比上年增长 2%，2017 年增幅则只有 0.56%，呈下滑趋势。三是常住人口与户籍人口城镇化率相差大，许多居住在城镇的人口未落户城镇。[①] 广西人口城镇化总体发展滞后且出现的以上这三个趋势，一方面表明了广西加快推进人口城镇化工作还有很大的空间，具有"后发赶超"的可能；另一方面也表明了广西还有大量的居住在城镇的人口未能落户城镇，从而，落实农村转移人口和外来人口的落户政策，实现外来人口市民化的任务还很艰巨。[②] 这

──────────

[①] 《柳州 2016 城镇人口 249 万 城镇化率 63% 全广西最高》，http://news.focus.cn/liuzhou/2017-04-07/11475194.html。

[②] 吴丽萍：《广西人口密度继续增加 常住人口城镇化进程放缓》，http://www.gxnews.com.cn/staticpages/20170414/newgx58f04920-16102165.shtml。

种"可能"和"艰巨任务",决定了广西人口城镇化就业具有很大的不确定性,需要进一步结合其他因素进行分析。

第二节 广西人口城镇化就业的机遇

广西落实中央战略决策部署,实施人口城镇化,必须优先考虑农业转移人口的就业问题。在人口城镇化的就业问题上,广西有许多机遇。

一 国家战略的强力支持

从地理位置上说,广西是中国西部所有省份中最为优越的,因为它既沿海又沿边,既属于西部地区,又属于民族地区,还是革命老区,与发达省份广东省相连并且历史渊源深厚,与香港距离也不远,与越南接壤有利于进行国际贸易。因而,广西不仅能够受到发达地区的影响和辐射,而且能享受到来自中央的所有关于西部地区、民族地区或沿海、沿边开放开发的政策,如"西部大开发""富民兴边"等。近年来,中央又将"广西北部湾经济区开放开发"上升为国家战略,于 2008 年 1 月批准实施《广西北部湾经济区发展规划》。广西北部湾经济区由南宁、北海、钦州、防城港四市所辖行政区域组成。2014 年,根据实际情况和发展需要,广西决定将《关于促进广西北部湾经济区开放开发的若干政策规定》进行延续修订,把玉林和崇左两市的交通与物流纳入经济区统一考虑,形成"4 + 2"的格局,这样,广西北部湾经济区由 4 个变成现在的 6 个,即南宁、钦州、北海、防城港、玉林、崇左。经济区陆域面积达 7.27 万平方千米,占广西的 30.7%;海域总面积达 12.93 万平方千米。区域内人口 2053 万人,约占广西总人口的 42%。2017 年 1 月,国务院批复《北部湾城市群发展规划》,这标志着北部湾城市群规划上升为国家战略,广西新型城镇化蓝图绘下浓墨重彩的一笔。广西北部湾经济区的发展以及国家对广西北部湾城市群的发展规划,将极大地带动广西南部的经济社会发展,对于拉动广西城镇化进程,解决大量人口城镇化的就业问题也有极大促进作用。

近年来与广西发展有关的还有《珠江—西江经济带发展规划》。2014

年 8 月 1 日，国家发改委正式印发《珠江—西江经济带发展规划》（以下
简称《规划》）全文。以珠江—西江流域为依托的区域发展正式上升为国
家战略，华南区域协调发展迎来难得契机，南方对外开放发展再添战略新
支点。这也是我国首个直接联系东西部地区的跨省区、跨不同发展阶段的
区域发展规划。《规划》明确，珠江—西江经济带横贯广东、广西，上联
云南、贵州，下通香港、澳门，规划范围包括广东省的广州、佛山、肇
庆、云浮 4 市和广西壮族自治区的南宁、柳州、梧州、贵港、百色、来宾、
崇左 7 市，区域面积 16.5 万平方千米，2013 年末常住人口 5228 万人。同
时，根据流域特点，将广西桂林、玉林、贺州、河池等市以及西江上游贵
州黔东南、黔南、黔西南、安顺，云南文山、曲靖的沿江部分地区作为规
划延伸区。① 规划期为 2014～2020 年。展望到 2030 年，该《规划》的发
展总体格局，规划"一轴，两核，四组团，延伸区"空间布局。其中，
"四组团"是以区域内中心城市为核心，按照流域特点和区域联系，重点
建设广州—佛山、肇庆—云浮—梧州—贵港、柳州—来宾、南宁—崇左—
百色等四组团，引导产业和人口集聚，形成各有特色、优势互补、分工协
作的区域发展板块，从而着力打造综合交通大通道，建设珠江—西江生态
廊道，建立旅游战略联盟，打造特色精品线路。

此外，2015 年 2 月 9 日，国务院下发了关于左右江革命老区振兴规划
的批复，原则同意《左右江革命老区振兴规划（2015—2025 年）》（国函
〔2015〕21 号）。3 月 2 日，国家发展改革委印发了《关于左右江革命老区
振兴规划的通知》（发改西部〔2015〕388 号），该通知以附件形式对外发
布了《左右江革命老区振兴规划（2015—2025）》，明确了未来 10 年左右
江革命老区振兴的战略定位和发展目标，在基础设施建设、特色优势产
业、城乡协调发展、生态文明建设等方面做出发展规划。《规划》获国务
院批复，标志广西、云南、贵州三省份边区 16.5 万平方千米 8 个市州、59
个县、2300 万人口的振兴发展成为国家战略。左右江革命老区以百色市为
核心区，涵盖了广西百色市、河池市、崇左市以及贵州省和云南省的部分

---

① 国家发展和改革委员会：《国家发展改革委关于印发珠江—西江经济带发展规划的通知》，
2014 年 7 月 28 日。

地区。《规划》的实施，将使广西区域发展上升为国家战略，尤其是规划提出"到 2020 年，（左右江革命老区）新型城镇化水平和质量稳步提升，城镇承载能力不断加强"，对于拉动广西西部民族聚集区城镇化发展及人口就业有直接带动作用。

这些若干个国家战略在广西的实施，将极大促进广西人口城镇化的发展，同时对于城镇化就业的解决也将产生直接的拉动作用。

二 广西壮族自治区政府的政策支持

广西壮族自治区党委和政府对于城镇化以及进城人口就业非常重视，研究、起草、制定了较多的发展政策进行支持。这些政策，集中体现在 21 世纪以来以广西壮族自治区人民政府名义发布的各种规划、决定、方案中。

2007 年 1 月 27 日，广西壮族自治区人民政府印发了《广西壮族自治区十一五城镇化发展规划》，明确了"十一五"期间广西推进城镇化的指导思想、发展目标、主要任务，提出了推进城镇化进程的政策措施。

2010 年 12 月 24 日，广西召开全区城镇化专项工作会议，公布了《自治区党委、自治区政府关于加快推进我区城镇化跨越发展的决定》，提出"十二五"期间，广西将以高于全国平均水平的增速加快城镇化进程，力争到 2015 年城镇化水平达到 50% 左右，全面改善城乡面貌和人居环境。根据决定，广西将实施一系列创新政策。

2014 年 7 月 22 日，广西正式印发被称为行动纲领的《广西壮族自治区新型城镇化规划（2014—2020 年）》，提出了广西城镇化发展目标：常住人口城镇化率年均提高 1.3 个百分点，2020 年达到 54%；实现新增城镇人口 700 万左右，促进 600 万左右农业转移人口和其他常住人口落户城镇。①

2015 年 1 月 14 日，广西壮族自治区人民政府办公厅印发《关于印发自治区财政支持新型城镇化发展若干政策的通知》（桂政办发〔2015〕3 号），提出将加大财政支持新型城镇化发展力度，促进全区城乡发展区域

---

① 赵超：《推进广西特色新型城镇化建设》，《广西日报》2017 年 12 月 26 日。

协调发展。

2015 年 2 月 25 日，广西出台了《关于进一步推进全区户籍制度改革的指导意见》（桂政发〔2015〕8 号，以下简称《意见》）。该《意见》提出，到 2020 年，努力实现 600 万左右农业转移人口和其他常住人口在城镇落户。这是 2014 年 10 月印发《广西北部湾经济区户籍同城化方案》之后，广西进一步放宽了进城落户的准入条件。

2015 年 10 月 30 日，广西教育厅印发《关于进一步加强进城务工人员随迁子女义务教育工作的指导意见》（桂教规范〔2015〕9 号），提出要完善保障措施，消除就学障碍，切实保障进城务工人员随迁子女平等接受义务教育的权利，使进城务工人员随迁子女平等享受城镇基本公共服务，推进义务教育均衡发展。

2016 年 9 月 9 日，广西壮族自治区政府印发《关于印发深入推进新型城镇化建设实施方案的通知》（桂政发〔2016〕44 号），强调创新土地利用保障方式，完善土地利用机制，推进广西新型城镇化建设步伐。

2016 年 11 月 22 日，广西公安厅印发《关于印发广西公安机关办理居住登记及居住证管理工作规范（试行）的通知》（桂公通〔2016〕302 号），并随后印发《广西公安机关办理居住登记和居住证工作指南》，简化规范居住证办理手续，同时推进北部湾经济区居住证"一证通"、跨市迁移户口网上审批等同城化工作。

2017 年 1 月 5 日，广西壮族自治区人民政府办公厅印发《关于印发贯彻落实支持农业转移人口市民化若干财政政策实施方案的通知》（桂政办发〔2017〕2 号），从教育、医疗、社会保障、就业、住房、户籍、农民权益、财力保障、转移支付、奖励机制、财政支持等方面实施农业转移人口市民化的若干财政政策。

2017 年 6 月 28 日，广西壮族自治区国土资源厅、广西壮族自治区发展和改革委员会、广西壮族自治区公安厅、广西壮族自治区人力资源和社会保障厅、广西壮族自治区住房和城乡建设厅联合印发了《关于印发广西城镇建设用地增加规模同吸纳农业转移人口落户数量挂钩工作实施细则的通知》（桂国土资发〔2017〕32 号），为推进以人为核心的新型城镇化，提高农业转移人口市民化用地保障水平，就建立城镇建设用地增加规模同吸纳农业转移人口落户数量挂钩机制制定实施细则。

2017 年，广西印发了《2017 年自治区推进新型城镇化重点工作方案》（桂发改城镇〔2017〕529 号），围绕提高户籍人口城镇化率、推进农业转移人口市民化，进一步破除推进新型城镇化的体制机制障碍，出台符合广西实际的具体实施方案（见表 3-3）。

表 3-3　广西近年印发的有关城镇化及进城人口就业的支持政策

时间	政策名称	政策内容
2007 年 1 月 27 日	《广西壮族自治区十一五城镇化发展规划》	"十一五"期间广西推进城镇化的指导思想、发展目标、主要任务，提出了推进城镇化进程的政策措施
2010 年 12 月 24 日	《自治区党委、自治区政府关于加快推进我区城镇化跨越发展的决定》	"十二五"期间，广西将以高于全国平均水平的增速加快城镇化进程，力争到 2015 年城镇化水平达到 50% 左右，全面改善城乡面貌和人居环境
2014 年 7 月 22 日	《广西壮族自治区新型城镇化规划（2014—2020 年）》	广西城镇化发展目标：常住人口城镇化率年均提高 1.3 个百分点，2020 年达到 54%；实现新增城镇人口 700 万左右，促进 600 万左右农业转移人口和其他常住人口落户城镇
2015 年 1 月 14 日	《关于印发自治区财政支持新型城镇化发展若干政策的通知》	加大财政支持新型城镇化发展力度，促进全区城乡发展区域协调发展
2015 年 2 月 25 日	《关于进一步推进全区户籍制度改革的指导意见》	放宽进城落户的准入条件。提出到 2020 年，努力实现 600 万左右农业转移人口和其他常住人口在城镇落户
2015 年 10 月 30 日	《关于进一步加强进城务工人员随迁子女义务教育工作的指导意见》	完善保障措施，消除就学障碍，切实保障进城务工人员随迁子女平等接受义务教育的权利，使进城务工人员随迁子女平等享受城镇基本公共服务，推进义务教育均衡发展
2016 年 9 月 9 日	《关于印发深入推进新型城镇化建设实施方案的通知》	创新土地利用保障方式，完善土地利用机制，推进广西新型城镇化建设步伐
2016 年 11 月 22 日	《关于印发广西公安机关办理居住登记及居住证管理工作规范（试行）的通知》《广西公安机关办理居住登记和居住证工作指南》	简化规范居住证办理手续，同时推进北部湾经济区居住证"一证通"、跨市迁移户口网上审批等同城化工作

续表

时间	政策名称	政策内容
2017 年 1 月 5 日	《关于印发贯彻落实支持农业转移人口市民化若干财政政策实施方案的通知》	从教育、医疗、社会保障、就业、住房、户籍、农民权益、财力保障、转移支付、奖励机制、财政支持等方面实施农业转移人口市民化的若干财政政策
2017 年 6 月 28 日	《关于印发广西城镇建设用地增加规模同吸纳农业转移人口落户数量挂钩工作实施细则的通知》	就建立城镇建设用地增加规模同吸纳农业转移人口落户数量挂钩机制制定实施细则
2017 年	《2017 年自治区推进新型城镇化重点工作方案》	围绕提高户籍人口城镇化率、推进农业转移人口市民化，进一步破除推进新型城镇化的体制机制障碍，出台符合广西实际的具体实施方案

可见，自 21 世纪以来尤其是最近 10 年来，广西先后出台了涉及深化户籍改革、土地、住房、教育、保险福利、人口管理制度等多个政策及其配套文件，初步形成了有利于人口和生产要素向城镇聚集的政策环境。在城镇化就业问题上，早在 2010 年，自治区政府就出台了《广西壮族自治区人民政府关于进一步全面推动全民创业加快推进城镇化跨越发展的意见》，鼓励各类市场主体到城镇从事个体经营、创办企业，对于民间资本到城镇投资办企业的，还放宽市场准入，同时在财政、税收、信贷等方面给予支持。广西的上述关于促进人口城镇化及其就业的政策的出台，无疑对于农村转移人口进城镇就业具有良好的推动作用。

三　广西"大县城"战略的出台

广西人口城镇化就业的机遇，还在于自治区适时推出了"大县城"战略。2015 年 7 月 14 日，广西壮族自治区人民政府出台了《关于实施大县城战略提高县域城镇化发展水平的意见》（桂政发〔2015〕38 号），提出将深入实施大县城战略，推进县域城镇扩容提质，建成一批各具特色的县城和小城镇，提高全区县域城镇化水平，推动城乡一体化发展。广西实施大县城战略的总体发展目标是县域城镇化水平实现新提升，县域城镇化率由 2013 年的 34.1% 提高到 2020 年的 43.9%，年均提高 1.4 个百分点；到

2020 年，新增城镇人口 411 万人，县城平均人口规模达 11.7 万人。县级中小城市实现新扩容，到 2020 年，力争建成 10 个以上的县级中等城市、30 个 20 万人左右的小城市。特色宜居村镇实现新发展，到 2020 年，力争建成 100 个超 2 万人的小城镇、1 万个宜居村庄和新型农村社区。为实现大县城发展战略目标，广西现阶段加快构建新型县域城镇体系。在县域建设方面，着力将县域人口多、中心城区 15 万人以上、基础条件好、发展潜力大的县城培育成为中等城市，发展一批小城市和特色县城，创建城镇化示范县。在全区范围内选择 20 个左右经济实力较强、特色较明显、基础设施较完善的县城进行示范建设。在村镇建设方面，选择若干综合实力较强或特色较突出的中心镇进行重点培育，计划到 2020 年，全区统筹推进 100 个经济强镇、特色小镇、特色名镇建设，形成一批年生产总值超 30 亿元、财政收入超 3 亿元、各项发展指标明显高于全区平均水平的经济强镇，建成一批国家级和自治区级美丽宜居小镇、宜居村庄。此外，广西进一步加强农村基础设施建设及农民工住房保障。一方面推进城镇基础设施和公共服务向农村延伸，大力发展农村社会事业，创新完善农村基层治理结构，加快建设生态宜居幸福乡村。另一方面，为保障农民工住有所安，加快公共租赁住房投资建设，通过政府集中建设、长期租赁或购买住房并给予一定租金支持、安排廉租住房或由企业提供住房和补贴等方式解决农民工住房保障问题。①

对于"大县城战略"，广西党政主要领导十分看重。广西壮族自治区主席陈武在 2015 年 3 月初主持召开的区政府常务会议上认为，实施大县城战略，加快发展县城和中心镇，符合中央精神和广西实际，有利于做好新常态下的调整经济结构、转变社会形态、扩大内需等工作；有利于更好地解决"三农"问题，充分吸纳农村剩余劳动力；有利于增强承载力和发展动力，进一步壮大县域经济，实现县域城乡协调发展。② 而时任广西壮族自治区党委书记的彭清华在 2014 年 1 月初的全区经济工作会议上则表示，

---

① 周骁骏、童政：《广西大县城发展战略：2020 年欲建成 10 个以上县级中等城市》，http://district.ce.cn/zg/201510/19/t20151019_6737807.shtml。

② 罗猛：《陈武主持召开广西壮族自治区政府常务会议》，http://leaders.people.com.cn/n/2015/0301/c58278-26615627.html。

实施大县城战略将成为广西推进新型城镇化的主攻方向。①

"大县城战略"的深入实施，一方面将使广西的县级中等城市、小城市、小城镇得到均衡而协调发展，促进县域城镇化水平快速健康地提高；另一方面，县域城镇化充分发展，对于吸收农民就近就地城镇化就业也提供了基础。

四　东部沿海地区产业转移的实施

区域发展不平衡一直是制约我国社会主义建设以及实现共同富裕目标的瓶颈，并且还形成了地区发展的"马太效应"现象，即发展得好的地区由于优质医疗、教育、基础设施资源高度聚集，资本充裕，更容易形成"虹吸效应"，在投资、人口、人才、信息等方面的吸引力也更大，从而也发展得更好。多年来的"孔雀东南飞"现象说明了这点。劣势地区则各方面吸引力不足从而与发达地区的差距进一步拉大，从而构成了党的十九大报告中提出的"人民日益增长的美好生活需要和不平衡不充分发展之间的矛盾"②这种新时期我国社会主要矛盾的重要组成部分。

然而最近几年，这一形势开始发生了变化。一方面是东部沿海地区产业聚集多，但随着劳动力成本不断上涨，企业利润空间也不断受到挤压，竞争日益激烈，企业生存发展艰难。另一方面是内地的产业发展处于严重"饥渴"状态，大量农民工只能远赴沿海地区务工。此外，由于当前世界经济正处于结构大调整时期，无论发达国家还是新兴经济体都需要进行经济转型升级以实现可持续发展，就连美国、欧洲等国家也提出了"制造业回归"的政策并采取了很多有力措施。这一背景使得我国经济结构长期存在的内需与外需、投资与消费失衡；农业基础薄弱、工业大而不强、服务业发展滞后，部分行业产能过剩；城镇化、中西部地区发展滞后；资源消耗偏高，环境压力加大等不合理的矛盾更为突出，尤其是对我国的制造业形成了竞争压力，若不尽快进行产业升级，将会被边缘化，被淘汰。正如

---

① 李银雁：《广西主攻大县城战略》，http://news.hexun.com/2014-01-14/161402959.html。

② 习近平：《决胜全面建成小康社会　夺取新时代中国特色社会主义伟大胜利——在中国共产党第十九次全国代表大会上的报告》，人民出版社，2017，第19页。

国家信息中心经济预测部世界经济研究室副研究员张茉楠所说："对中国而言，当前受到了内外夹击，如果不进行经济结构转型升级，未来就没有出路。"① 我国制造业主要集中于东部沿海地区，使得东部沿海地区成为产业结构升级的主战场。要顺利完成产业升级，必须给一部分产业寻找出路，而中西部缺少相应产业的现状，为这些产业的出路提供了广阔空间，这就是地区间的产业转移。国家认识到了这一点，开始有意识地引导东部部分产业向中西部有序转移。国务院总理李克强对此强调指出，这对于促进区域梯度、联动、协调发展，带动中西部新型城镇化和贫困地区致富，拓展就业和发展新空间，推动经济向中高端水平跃升，具有重大意义。② 广西作为沿海、沿边且与广东这样的东部沿海发达地区接壤的民族地区，区位优势极为明显，在承接东部地区产业转移上具有良好机遇。广西较为充分地利用自身优势，在承接沿海地区产业转移上取得较好成效。尤其在承接加工贸易产业转移方面，广西成功引进东部地区包括电子信息等高新技术项目在内的一批加工贸易项目转移落户，助推了自身产业结构调整和工业转型升级，货源持续增长，带动了广西海、陆、空物流体系的全面发展，提升了广西的物流综合水平，大大增强了广西物流枢纽作用。目前，加工贸易企业已成为广西农民工本地就业的重要渠道。据不完全统计，2015年，加工贸易带动广西就业人口超50万人，从业人员人均年收入达3万元左右，间接带动了餐饮住宿、文化教育、家政服务等行业的发展壮大。③

第三节　广西人口城镇化就业的挑战

以上所说的广西人口城镇化就业的机遇，只是就国家政策、自治区政策支持等方面而言，然而现实问题是，政策层面要转化为实际效益需要有

---

① 罗兰：《不调结构就没出路　中国经济正抓住转型升级良机》，http://news.sohu.com/20120912/n352926465.shtml。

② 《李克强：东部地区产业转移要遵循市场规律》，http://www.gov.cn/xinwen/2014-06/25/content_2708108.htm。

③ 刘华新、庞革平、谢振华：《广西着力加快承接加工贸易产业转移》，《人民日报》2016年5月26日第17版。

一个过程。在这一过程中，广西不得不面对民族地区发展中的中小企业状
况、经济发展水平、就业总量和结构等方面的严峻现实，这也成为人口城
镇化就业的巨大挑战。

一　中小企业数量少

按说关注人口就业，首先应关注的是大中型企业，在中国尤其要关注
大中型国有企业及其数量。这是因为，大中型国有企业能够解决人口就业
的数量大，有的超大型国有企业甚至有数万职工。然而，国有大中型企业
也存在就业要求高、就业形式不够灵活等问题，难以适应进城农民工的就
业需求。而非公中小企业、民营中小型企业，则恰恰可以克服这一不足，
其就业要求层次多样，就业形式也较灵活，对于进城务工人员的就业方
式、就业要求较相适应。因此，以广西非公中小企业、民营中小型企业数
量作为指标衡量广西人口城镇化就业形势较为合理。

从表3－4、表3－5的数据可以看到，2016年广西非公经济工业企业、
私营工业企业包括大型企业总数是7758个，全部从业人员年平均人数是
1932427人。私营建筑企业、限额以上批发和零售业企业、限额以上住宿
和餐饮业企业总数是2634个，年末从业人员数是197021人。合计从业人
员是2129448人。可以看到，即使所有这些各类非公经济企业、私营企业
的从业人员数都用来接纳农村进城务工人口就业，能够推进的城镇化就业
也不到现有广西农村人口的10%，可见企业数量过少，不利于解决城镇化
人口的就业问题。

表3－4　2016年广西各类非公工业企业基本情况

非公经济工业企业指标			私营工业企业指标		
	企业单位数（个）	全部从业人员年平均人数（人）		企业单位数（个）	全部从业人员年平均人数（人）
大型企业	139	303641	大型企业	63	121512
中型企业	1014	547778	中型企业	559	297984
小型企业	3453	397277	小型企业	2300	260049
微型企业	139	2582	微型企业	91	1604

资料来源：广西统计信息网，http://www.gxtj.gov.cn/tjsj/tjnj/2017/zk/indexch.htm。

表3-5 2016年广西各类私营企业及从业人员基本情况

主要年份三级及三级以上建筑业企业		限额以上批发和零售业企业				限额以上住宿和餐饮业企业			
		批发业		零售业		住宿业		餐饮业	
私营企业数（个）	年末从业人员数（万人）	私营企业数（个）	年末从业人员数（人）	私营企业数（个）	年末从业人员数（人）	私营企业数（个）	年末从业人员数（人）	私营企业数（个）	年末从业人员数（人）
157	7.75	727	23402	1171	50340	259	17456	320	28323

资料来源：广西统计信息网，http://www.gxtj.gov.cn/tjsj/tjnj/2017/zk/indexch.htm。

二 经济发展水平相对较低且不平衡

尽管在总体上，广西的经济发展水平在各省、自治区、直辖市中处于中下游位置，在2017年各省份GDP中排名第17位，在西部12省区市仅次于四川、陕西两省，在8个民族省区中则位列第一，并不算最不发达地区。然而，与其他发达地区相比，差距则较为巨大（如表3-6所示）。

表3-6 2017年各省区市GDP排名情况

省份	排名	GDP总量（亿元）
广东	1	89879.23
江苏	2	85900.9
山东	3	72678.18
浙江	4	51768.00
河南	5	44988.16
四川	6	36980.20
湖北	7	36522.95
河北	8	36000.00
湖南	9	34590.56
福建	10	32298.28
上海	11	30133.86
北京	12	28000.40
安徽	13	27518.70
辽宁	14	23942.00
陕西	15	21898.81
江西	16	20818.50

续表

省份	排名	GDP 总量（亿元）
广西	17	20396.25
重庆	18	19500.27
天津	19	18595.38
云南	20	16531.34
黑龙江	21	16199.90
内蒙古	22	16103.20
吉林	23	15288.94
山西	24	14973.50
贵州	25	13540.83
新疆	26	10920.00
甘肃	27	7677.00
海南	28	4462.54
宁夏	29	3453.93
青海	30	2642.80
西藏	31	1310.60

而且，在广西内部，各地市之间的 GDP 发展也极不平衡。2017 年度，作为首府的南宁市 GDP 突破 4000 亿元，在全国各省份所有城市中排名第50 位。柳州、桂林两市突破 2000 亿元大关。玉林、百色、梧州、钦州、北海、贵港六市在 1000 亿元以上，而崇左、防城港、河池、来宾、贺州五市还在 1000 亿元以下（如图 3-1 所示）。

广西经济不发达以及各地市发展不平衡的现实，给广西人口城镇化的就业问题带来两个不利影响：一是影响到投资（主要是政府投资）和消费，从而不利于扩大人口就业；二是由于发展不平衡，进城人口更易集中流向相对发展城市，加剧了这些城市解决就业问题的困难。

三　就业总量大、结构性矛盾突出

按照《广西壮族自治区新型城镇化规划（2014—2020 年）》的发展目标，到 2020 年广西常住人口城镇化率要达到 54%，户籍人口城镇化率要达到 34.5%。实现新增城镇人口 700 万左右，促进 600 万左右农业转移人

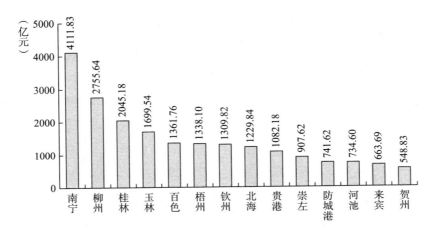

图 3 - 1 2017 年广西各市 GDP 总量排行

资料来源：广西壮族自治统计局 2018 年数据。

口和其他常住人口落户城镇。① "新增城镇人口 700 万左右" "600 万左右农业转移人口" 要 "落户城镇"，其就业问题必须在优先考虑范围之内。

人口城镇化的就业问题将面临巨大压力。不仅就业数量上压力巨大，而且就业的结构性矛盾也较为突出。经过多年的城镇化进程，农村中大量的青壮年精英已经在城镇中生活、工作，有的已经在城镇中有固定的居所，留下的主体则是所谓的 "386199" 部队（即妇女、儿童和老人）。据广西人力资源和社会保障厅农民工工作处处长陈文安介绍，当前广西农民工人口总数达 1225 万人②，约占广西农村户籍人口的 1/3 强。而且要看到的是，由于留守的农民多数年纪大、文化层次低、接受新事物能力弱等，要解决这部分人的城镇化就业问题，就势必出现结构性矛盾，即就业市场需要的劳动力与存量劳动者的技能水平不匹配的矛盾将越来越突出，致使解决人口城镇化就业问题也将变得越来越难。

农村转移人口城镇化就业的这种总量供给和结构性矛盾突出的问题，在当前大学生就业难的背景下更显严峻。近年来，随着高校招生人数的增

---

① 赵超：《推进广西特色新型城镇化》，《广西日报》2017 年 12 月 26 日。

② 《广西大批农民工返乡就业 官方多举并施破就业难题》，http://www.cqn.com.cn/cj/content/2016 - 12/23/content_3754948.htm。

多，毕业大学生也逐年增多，几乎每年都被称为"最难就业年"，"毕业即失业"已成为常态。在此背景下，广西高校毕业生也持续增加。从图 3-2 广西教育厅公布的 2013～2018 年广西高校毕业生人数可见一斑，也可见在较长时期这种人数的增长还会是一个趋势。

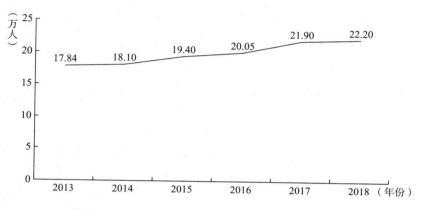

图 3-2　2013～2018 年广西高校毕业生人数及趋势

资料来源：广西壮族自治区教育厅发布的 2013～2018 年广西高校毕业生就业质量年度报告。

加上近年来未就业高校毕业生需要继续求职，就业总量压力大，就业形势更显趋紧。从广西高校毕业生就业区域分布来看，2017 届高校毕业生以在广西地区就业为主，这就更增加了广西人口城镇化就业的困难局面。在经济新常态下经济下行压力加大与转型升级优化并存、下岗职工再就业、新增劳动力数量持续增长等各方面因素叠加的背景下，农业转移人口的城镇化就业就更为困难。

四　用人单位文化程度要求提高

2011 年对于广西三次产业发展来说，是一个标志年。从这一年开始，广西第一产业就业增长率转为负增长，充分说明随着广西经济发展，劳动生产率的提高，劳动力逐渐由第一产业向第二产业、第三产业转移。从 2011 年前后广西的职业需求上看，也是这一趋势。

从表 3-7 的各类职业的需求人数变化来看，从 2010 年到 2012 年专业技术人员的需求量逐年下降，从 2010 年的 409914 人降到 2012 年的 326293

人，平均每年约减少41810.5人。第三产业中商业和服务业人员需求量逐
年增加，从2010年的511140人增加到2012年的541020人，平均每年增
加14940人。第一产业的农林牧渔水利生产人员需求量逐年减少，平均每
年减少133295人。从各类职业的需求比重来看，用人需求排在前三位的是
商业和服务业人员、专业技术人员、办事人员和有关人员，2010年三类职业
合计占全部用人需求的67.03%，2011年为61.86%，2012年为71.44%。此
外，生产运输操作工和农林牧渔水利生产人员的用人需求也比较大，2010
年两者合计占全部用人需求的23.95%，2011年为21.74%，2012年
为22.59%。

表 3 – 7   2010～2012 年广西各类职业需求情况（职业大类）

职业类别	2010 年			2011 年			2012 年		
	需求人数（人）	需求比重（%）	需求比重排名	需求人数（人）	需求比重（%）	需求比重排名	需求人数（人）	需求比重（%）	需求比重排名
单位负责人	114151	5.85	6	189146	9.99	6	51267	3.01	6
专业技术人员	409914	21.02	2	365922	19.32	2	326293	19.19	3
办事人员和有关人员	385915	19.79	3	283645	14.98	3	347387	20.43	2
商业和服务业人员	511140	26.22	1	521944	27.56	1	541020	31.82	1
农林牧渔水利生产人员	197460	10.13	5	189760	10.02	5	170801	10.04	5
生产运输操作工	269542	13.82	4	284413	11.72	4	213344	12.55	4
其他	61596	3.16	7	121451	6.41	7	50382	2.96	7

资料来源：广西壮族自治区就业局。

这种需求的变化，对农业转移人口的城镇化就业是一个好的趋势。然
而，我们还要看到不利的方面是，用工单位对文化程度的要求也呈不断提
高的趋势。

从表3－8的用人单位对求职者文化程度的要求来看，2010年有
96.79%的用人单位对求职者文化程度有要求，该比例在2011年和2012年

更大。其中，要求有高中文凭和大专文凭的用人单位最多，2010 年两者合
计占总体需求的 69.34%，2011 年该比例为 64.31%，2012 年为 65.8%。
另外，用人单位对拥有大学学历的求职者需求也较大，2010～2012 年，要
求大学文化程度的用人单位占总体需求的比例分别为 17.28%、22.28% 和
22.42%；且需求量逐年增加。用人单位对拥有研究生学历的求职者的需求
远远小于对其他学历求职者的需求，2010～2012 年，用人单位对研究生的
需求比重分别为 1.98%、4.38%、1.62%。另外，初中及以下文化程度的
需求量逐年减少，从 2010 年的 159486 人减少到 2012 年的 132796 人。

表 3－8　2010～2012 年招聘单位对文化程度需求情况

文化程度	2010 年			2011 年			2012 年		
	需求人数（人）	需求比重（%）	需求比重排名	需求人数（人）	需求比重（%）	需求比重排名	需求人数（人）	需求比重（%）	需求比重排名
初中及以下	159486	8.18	4	144917	7.65	4	132796	7.81	4
高中	685924	35.18	1	526162	27.78	2	574016	33.76	1
大专	666107	34.16	2	691761	36.53	1	544801	32.04	2
大学	336918	17.28	3	421919	22.28	3	381237	22.42	3
硕士以上	38690	1.98	6	82916	4.38	5	27525	1.62	6
无要求	62593	3.21	5	26176	1.38	6	40119	2.36	5

资料来源：广西壮族自治区就业局。

这种就业市场对文化程度要求的提高，无疑将更加不利于广西人口城
镇化就业问题的解决。

小　结

本章的任务，是以广西为例，了解民族地区人口城镇化就业的形势。
着重从机遇和挑战两个方面展开论述。

要全面把握这一问题，首先需要认识广西城镇化的发展现状。就广西
城镇化水平来看，2017 年末广西常住人口城镇化率为 49.21%，位列全国

第 27 位，低于全国平均城镇化率 9.31 个百分点①，总体水平较低，且区内各地市城镇化率发展极不平衡。因而广西城镇化既有"后发赶超"的可能，又任务艰巨。

上述背景，决定了广西在促进人口城镇化就业问题上具有很大的不确定性，既有良好机遇，又面临严峻挑战。机遇体现在以下几方面。一是国家战略的强力支持，如将"广西北部湾经济区开放开发"、北部湾城市群规划上升为国家战略，印发了《珠江—西江经济带发展规划》，原则同意《左右江革命老区振兴规划（2015—2025 年）》等。二是广西壮族自治区政府的政策支持，包括出台了《广西壮族自治区人民政府关于进一步全面推动全民创业加快推进城镇化跨越发展的意见》《广西壮族自治区新型城镇化规划（2014—2020 年）》，印发《2017 年自治区推进新型城镇化重点工作方案》等。三是广西"大县城"战略的出台，标志着实施大县城战略将成为广西推进新型城镇化的主攻方向。四是东部沿海地区产业转移的实施，有助于促进广西人口城镇化就业。

同时，广西人口城镇化就业也面临诸多挑战。体现为：一是中小企业数量少；二是经济发展水平相对较低且不平衡；三是就业总量大、结构性矛盾突出；四是用人单位文化程度需求提高。

广西人口城镇化就业的机遇和挑战分析表明：实施民族地区人口城镇化的就业政策，要力求全面掌握其内在矛盾，既不能因为其良好机遇而放松政策跟进力度，也不能由于其严峻挑战而悲观气馁、无所作为，应该在机遇的基础上，去克服各种挑战，使人口城镇化能够得以顺利就业，实现广西城镇化发展的"后发赶超"。

---

① 赵艺霞：《浅析地方政府融资平台的债务风险及转型策略》，《广西政法干部管理学院学报》2018 年第 5 期。

| 第四章 |

广西人口城镇化就业的特点与规律

了解民族地区人口城镇化就业的特点与规律,是进一步认识民族地区人口城镇化就业问题的基础。而民族地区人口城镇化就业的特点与规律,又需要在与发达省市人口城镇化就业的对比中才更易理解。由此,本章将通过对比发达地区人口城镇化就业与广西人口城镇化就业的现状,包括就业渠道、就业去向、择业意向、就业方式等,来探究民族地区人口城镇化就业的特殊性与规律。

第一节　发达地区人口城镇化就业的特点与规律

本书所言的"发达地区",是特指经济发展水平远高于全国平均水平的东部沿海地区。这些发达地区不仅 GDP 总量大,全国排名前列,而且城镇化率也位居全国前列。其中,上海、北京和天津 2016 年末城镇化率已超过 80%,达到了发达国家的水平。具体的,上海以 87.6% 的城镇化率位居榜首,北京仅次于上海,达到了 86.5%,天津排在第三位,为 82.93%。这三大直辖市作为城市经济体,经济发展以工业和现代服务业为主,农业和农业人口在全市所占的比重已然很小。① 其他省域如广东、江苏、浙江、福建等城镇化率也在 60% 以上。这些发达地区城镇化率高,说明在人口城镇化就业方面解决得较好,也自有其特色。从而,沿海发达地区人口城镇

---

① 《10 省份城镇化率超 60% 京津沪超 80% 达到发达国家水平》,http://finance.china.com.cn/news/gnjj/20170606/4236818.shtml。

化的就业特点与规律对于观察和理解民族地区人口城镇化就业的特点与规律有较大参考价值。

一 就业渠道以市场为主

就业渠道通俗来讲就是"通过什么门路找工作"。要了解发达地区人口城镇化中的就业渠道问题，就应首先了解发达地区的就业环境。

发达地区的衡量指标，最核心的是 GDP 总量在全国排名位居前列。从 GDP 增长的贡献来说，在工业社会或农业社会向工业社会的转型期，第二产业和第三产业的比重要大于第一产业的比重。2013 年，中国产业结构调整取得历史性变化：第三产业（服务业）增加值占国内生产总值（GDP）比重提高到 46.1%，首次超过第二产业[①]，更是表明了一种趋势。而第二、第三产业在一个地区的发展取决于多种因素，但地区改革开放程度、良好的经商环境、区域优势等极为关键。这些因素是促进第二、第三产业投资的巨大动力。发达地区也正是凭着在这些方面的优势，吸引到较多的第二、第三产业投资（包括内、外投资）。如以广东、江苏、浙江三个发达省为例：广东省 2016 年全省规模以上工业企业有 41585 家，股份制工业企业 25895 家，民营工业企业 28364 家，大型工业企业 1579 家，中型企业 9026 家，小、微型企业 30980 家。[②] 江苏省截至 2016 年底中小企业总数达 248.2 万家，其中，工业企业 55.3 万家，规模以上中小工业企业 46367 家，位居全国第一。[③] 私营企业户数累计达 222.9 万家。服务业企业数累计达 87.5 万家。从业人数增长 11.6%，新增就业人数的 80% 以上是中小企业贡献的。[④] 浙江省截至 2016 年末，全省共有注册资本在 500 万元以下的小微企业 139.7 万家[⑤]，小微企业和个体工商户共吸纳就业 1923.3 万人，

---

① 乔阳：《"营改增"对小微企业的影响及完善对策研究》，《对外经贸》2014 年第 3 期。
② 《2016 年广东规模以上工业经济效益情况分析》，http://www.gdstats.gov.cn/tjzl/tjfx/201702/t20170221_356261.html。
③ 李健：《江苏科技型小微企业战略联盟形成的因果研究分析》，《中国国际财经（中英文）》2018 年第 5 期。
④ 吴学安：《完善个体私企就业蓄水池功能》，《中国商报》2017 年 2 月 21 日第 P1 版。
⑤ 杨思、沈雁：《小微企业成为浙江经济增长重要拉动力》，《中国工商报》2017 年 3 月 1 日。

相当于全省就业人口数的 51.5%。①

　　从以上数据可以看出，发达地区由于工业企业特别是中小微企业多，能够解决全省就业人口数一半以上，其中大部分是城镇化就业人口。由此可见，发达地区人口城镇化就业渠道上，可依靠市场为主、政府为辅的渠道解决其就业问题。

二　就业去向为就近就地

　　就业去向即到哪里就业。依据前文所述的"推—拉"理论，农村人口向城镇转移，是由于存在农村外推因素及城镇内拉因素的共同作用力，促使贫困地区人口向发达地区、农村人口向城镇不断转移并就业。这也符合"人往高处走"的心理特征。

　　然而，与一般贫困地区不同的是，由于发达地区自身已处在最发达前沿，城镇化水平高，各类工业企业数量多，尤其是小微企业的就业方式灵活，解决就业问题相对容易，因而在就业去向上，发达地区农民较易实现"家门口就业"，也即就近就地就业。因此，上海郊区农民就业的一个重要特点是，绝大多数农民不愿意跨地区进行流动就业，而选择留在当地就业。② 江苏宿迁沭阳县桑墟镇是远近闻名的"板材之乡"，也通过大力发展板材特色产业，使本地农民实现"家门口"就近就业。浙江省仅仅是义乌市来料加工产业链模式几年前就带动数百万农村劳动力就业。③ 一份调查显示，据农村住户调查资料推算（下文中没有注明出处的均为农村住户调查资料推算数），2004 年江苏农村外出劳动力中，有 67% 的人选择的外出地为地级市及以下城镇，其中 39.8% 的农村外出者选择的是地级市，21.4% 的人选择的是县及县级市，6.6% 的人选择的是建制镇；转移到北京、上海等直辖市的只占 15.6%，选择到省会城市的比例更少，只占

---

①　《〈2016 年浙江省小微企业运行分析报告〉：全年共新增小微企业 25.1 万家　超过四分之一来自杭州》，http://hznews.hangzhou.com.cn/jingji/content/2017 - 03/01/content _6479467. htm。

②　王春峰：《上海郊区农民非农就业政策研究》，硕士学位论文，上海交通大学，2008。

③　《浙江义乌来料加工带动 200 万农民就业》，http://news.163.com/10/0610/10/68QGTNGT000146BD.html。

13.5%。江苏农民外出从业者主要在本省内就业。2004 年，江苏农民外出从业者在本省内就业的占 67.5%，到上海从业的占 14.6%，到北京的占 3.9%，到浙江的占 3.7%。上述四省市合计占到江苏农民外出从业人员的九成。① 浙江的城镇化特点正如有专家指出的那样，是以人口的就地城镇化和浙商流出为特征，城镇化进程中重点解决了农民就业非农化和城乡基本公共服务均等化。浙江城镇化有坚实的产业支撑，进城人口能够稳定就业，不唱"空城计"。浙江城镇化的坚实产业基础得益于浙江人的创业精神和浙商企业家精神，民间资本发展产业集群和专业市场，让普通农民都有机会就业、创业。②

可见，就近就地城镇化就业是发达地区农民的主要就业去向。当然，由于各省份区域面积广大，发展不平衡，内部也存在"落后地区"和"发达地区"的问题。如广东有"珠三角"地区与粤西、粤北的发展差异，江苏有苏南、苏北之别，浙江有浙东、浙西南之分，从而也存在相对不发达区域农民向发达区域城镇转移就业的现象。如粤西北的怀集县农民外出务工就优先考虑"珠三角"地区而不愿在本地就业。③ 对深圳市农民工相关情况进行的统计也支持了这一点。在深圳市农民工中，以广东省籍最多，占 20.3%，其中以来自梅州、茂名和河源等欠发达地区的居多。④

三　就业领域集中于第二、第三产业

行业领域，即在什么行业就业。从大的产业上说，农民城镇化就业是进入城镇在第二、第三产业就业。但在具体行业上则有很大的不同。针对发达地区，有学者调查了杭州市的浙江籍农民工就业情况，发现杭州市浙江籍农民工就业领域前三位是建筑装修业、餐饮业和工业企业。再往后排

---

① 《江苏外出务工农民的就业现状及权益保护》，http://www.stats.gov.cn/ztjc/ztfx/fxbg/200601/t20060126_16006.html。
② 《浙江城镇化要有升级版——专访全国人大财经委副主任委员、经济学家辜胜阻》，《浙江日报》2015 年 9 月 20 日第 2 版。
③ 曹攀峰：《广东鞋厂招工难　第三代农民工就业意向弱》，《南方农村报》2009 年 2 月 10 日。
④ 《湘鄂桂籍列前三》，《深圳特区报》2014 年 6 月 7 日，http://news.ifeng.com/a/20140607/40631534_0.shtml。

则是运输业、杂工、保安业和社会娱乐服务业。[①] 对江苏省的调查也基本是这一走向。2016 年，江苏省建筑业吸纳就业人口 786 万人，其中江苏籍人员达 476.6 万人，70% 来自农村。[②] 另一份调查显示，据农村住户调查资料推算，2004 年江苏农民外出从事的行业排序，从事建筑业的占31.5%，从事制造业的占 19.5%，两者合计占 51%。从事家政服务的占11.7%，从事餐饮业的占 5.9%。分性别看，男性农民外出人员从事行业居前三位的分别是：建筑业 41.3%，制造业 14.5%，家政服务业 9.6%。女性农民外出人员从事行业前三位分别是：制造业 31.4%，家政服务业16.7%，餐饮业 10%。[③]

综合起来看，发达地区农民城镇化就业主要集中于建筑业、制造业、家政服务业、餐饮业等领域。

第二节　广西人口城镇化就业的特点与规律

与全国情况一样，广西农民也是改革开放后开始踏上外出务工之路，并在 20 世纪 90 年代后形成"民工潮"。截至 2016 年，广西外出务工农民（"农民工"）数量已达 1231.8 万人[④]，约占当年人口总数的 25.5%。数量如此众多的人口城镇化就业，与发达地区相比，具有什么特点与规律？笔者认为，作为民族地区，广西的人口城镇化就业既与发达地区人口城镇化就业有着相同的需求，也有基于自身需要的特点与规律，表现在迁移意愿、迁移地区、迁移方式等方面都与发达地区人口城镇化就业有所不同。

一　城镇化就业意愿较强

由广西的地势特点所决定，广西的农民多居住于山区、丘陵，少数在

---

① 黄祖辉、刘雅萍：《农民工就业代际差异研究——基于杭州市浙江籍农民工就业状况调查》，《农业经济问题》2008 年第 10 期。

② 《江苏建筑业吸纳就业 786 万人　农民收入来自建筑业收益超 25%》，《东方卫报》2017年 12 月 18 日，http://news.sina.com.cn/c/2017-12-18/doc-ifypsvkp4258999.shtml。

③ 《江苏外出务工农民的就业现状及权益保护》，http://www.stats.gov.cn/ztjc/ztfx/fxbg/200601/t20060126_16006.html。

④ 子午：《用政策激励农民工返乡创业》，《广西日报》2017 年 3 月 22 日第 2 版。

平原地带，总体处于人多地少状态。由于耕地不足、人口分散、交通不便、基础设施落后、居住条件差、经济社会发展程度低等历史与现实原因，居住地与城镇相比差距较大。这使得乡村对农民进城的"推力"作用更大，广西农民流入城镇且就近就地城镇化就业的意愿更强烈。本研究2015年暑期对广西14个地市1500多名农民进行的调查结果显示，在广西农民的就近就地城镇化意愿中，52.5%的农民想成为城里人，其中83%愿意留在本市范围内。本次对广西14个地市农民的调查采用的是随机抽样问卷的形式，共发放问卷1523份，回收1523份，有效问卷1523份。其中男性占60.3%，女性占39.7%，均为劳动力人口。调查中，在"如果今后国家或地方政府全面放开户口限制，您是否想到城镇居住、成为城里人"的问题上，52.5%的农民的回答是"想"（如表4-1所示）。

表4-1 "您是否想到城镇居住、成为城里人？"

意愿	人数（人）	百分比（%）
想	799	52.5
不想	551	36.2
无所谓	168	11.0
不回答	5	0.3
合计	1523	100.0

二 就业去向主要是广东，但就近就地就业倾向增多

由于广西本土的产业不多，企业数量偏少，吸收就业能力不足，广西农民就业具有明显的区外流动的特点。而区外流动的具体去向上，广西农民更多的是考虑区外的语言、文化、生活习惯等相近程度，因而广西农民跨区流入地主要集中在广东。2015年广西移动大数据显示，广西老乡们的足迹遍布五湖四海，源自广东、浙江、贵州、福建、湖南五省的返乡人数最多，其中广东占88.5%。广东成为广西流动人口的主要聚集地。两广地区地理位置相邻，语言和生活习惯基本相近，据2015年1%人口抽样调

查，广西流出到广东的人口占全区流出人口的 89.1%。① 其中又以贵港市、钦州市、梧州市、南宁市、崇左市、贺州市、玉林市和百色市为主，8 市流入广东人口占全区流入广东人口的 73.9%。从具体城市来看，贵港市流入广东的人口占全市流出区外人口的 95.9%，钦州市为 95.8%，梧州市为 95.2%，南宁市为 92.5%，崇左市为 91.3%，贺州市为 91.1%，玉林市为 90.7%，百色市为 90.1%。② 当然，汉化程度较高和受教育程度较高的少数民族对流入地的语言、文化、习俗等方面的因素考虑较少。

近几年出现的一个变化就是，随着北部湾经济区的快速发展，劳动密集型企业的增加等，广西农民工选择留在家乡就业的也逐渐增多③，特别是 40 岁以上的中年人更愿意留在家乡就近就业以方便照顾家庭。如广西壮族自治区人力资源和社会保障厅于 2014 年进行的广西在粤农民工情况调查报告显示，有返乡就业创业打算的占 30.9%。④ 2016 年 3 月 9 日，自治区人社厅发布《2016 年广西在粤农民工情况调查报告》，报告显示，新生代农民工现已成为在粤农民工的主流，"80 后""90 后"农民工占比超过 80%；有 56.55% 的农民工倾向于返乡就业。⑤ 再如国家统计局广西调查总队 2011 年关于农民工外出就业情况的调查显示，武鸣工业园区厂里的工人 95% 都是武鸣本地人。⑥ 我们的调查样本也同样表明了这一趋势。对于"如果想，是想到哪里？"的问题，83% 的农民表示想留在本市范围内，其中想到本县城和本市城区居住的最多，分别为 40.3% 和 29.4%，另外，想到本乡镇居住的占 8.4%。其就近就地城镇化就业意愿增强的原因，主要有"生活成本适中，离家近便于照顾父母、子女""生活环境习惯了""探亲容易"等。这一结果表明广西在完成国务院的目标和实施"大县城战略"方面已具备良好基础。

---

① 《广西外出务工人员都流向了哪里？这数据你知道吗？》，http://gx.leju.com/news/2017 - 01 - 11/1723622487817082770 7019.shtml。

② 广西壮族自治区统计局：《广西流动人口特征分析——基于广西 2015 年全国 1% 人口抽样调查数据分析》，http://www.gxtj.gov.cn/tjxx/yjbg/qq_267/201608/t20160810_126945.html。

③ 贺凤秀：《广西农民工语言调查研究》，硕士学位论文，广西师范大学，2012。

④ 广西壮族自治区就业局：《广西在粤农民工情况调查报告》，《人事天地》2014 年第 8 期。

⑤ 罗琦、戚海军：《近六成人倾向于返乡就业》，《广西日报》2016 年 3 月 10 日。

⑥ 《广西队：广西农民工外出就业情况及趋势》，http://www.docin.com/p - 1679802960.html。

以上两个特点表明，广西农民城镇化意愿更强烈，然而更多的农村人口愿意在区内流动，对广西发展和政府行为而言，既有有利的一面，也存在巨大的挑战。有利的一面在于，内向型流动为广西人口城镇化准备了强大的人力资源基础和保障；而巨大的挑战在于，广西各级政府要解决人口城镇化的就业问题，压力也更大。

三 就业领域以第二产业为主

据调查，广西各地农民工从事第二产业人数最多，占外出打工人数的比例最大，其中，又以从事劳动密集型产业的体力劳动为主。[1] 据钦州市、贵港市、兴安县调查，三县市农村居民外出就业的劳动力中，从事第二产业的分别占 82.7%、61%、57.5%；从事第三产业的分别占 14.8%、39%、42.5%。从事的主要行业是制造业、建筑业、住宿及餐饮业和居民服务及其他服务业。[2] 广西壮族自治区人力资源和社会保障厅于 2014 年进行的广西在粤农民工情况调查报告显示，从事行业分布为：制造业占 60.9%，批发零售业占 4.1%，建筑业占 10.5%，住宿餐饮业占 7.9%，居民服务和其他服务业占 16.6%。[3]

四 就业渠道以自主外出为主

广西壮族自治区人力资源和社会保障厅于 2014 年进行的广西在粤农民工情况调查报告显示，到广东务工的方式有：通过政府部门有组织转移占 23.3%，通过亲友介绍或自发性按劳动力本身意图转移占 76.7%。[4] 2016 年 3 月 9 日，自治区人社厅发布《2016 年广西在粤农民工情况调查报告》。报告显示，农民工到粤就业的渠道，仍以自主外出为主。报告显示，通过政府部门有组织转移的占 11.15%，提供信息等服务引导转移的占 43.51%，通过亲友介绍或自发性按劳动力本身意图转移的占 45.34%。[5]

---

[1]　贺凤秀：《广西农民工语言调查研究》，硕士学位论文，广西师范大学，2012。
[2]　《广西队：广西农民工外出就业情况及趋势》，http://www.docin.com/p-1679802960.html。
[3]　广西壮族自治区就业局：《广西在粤农民工情况调查报告》，《人事天地》2014 年第 8 期。
[4]　广西壮族自治区就业局：《广西在粤农民工情况调查报告》，《人事天地》2014 年第 8 期。
[5]　罗琦、戚海军：《近六成人倾向于返乡就业》，《广西日报》2016 年 3 月 10 日。

如果没有熟人带，则找不到工作。①

小　结

从上述比较发达地区与广西的农民城镇化就业情况，可以发现以下特点与规律。

第一，广西农民外出就业去向上主要是到发达地区。发达地区由于中小企业众多，尤其是小微企业的就业方式灵活，因而农民较为容易实现"家门口就业"，也即可以解决当地农民的就近就地城镇化就业问题。虽然发达地区也会存在发展不平衡而形成自身的分化，相对欠发达地区农民流向相对发达地区，但总体而言多数属于就近就地城镇化就业。广西这样的民族地区则由于经济发展相对滞后，中小企业数量较少，吸纳就业能力不足而只能外出到发达地区就业。

第二，广西农民外出务工跨省流动的去向主要与其语言和文化相关。作为民族地区农民，广西农民外出务工者普遍文化程度不高，有鲜明的语言和风俗习惯等文化特色，与其他语系和习惯的地区居民交往、交流存在一定的困难，由此决定了毗邻的发达地区广东由于在地理、语言等方面相近而成为广西农民外出务工首选目的地。

第三，广西农民外出就业渠道上主要以亲友介绍或自发性按劳动力本身意图转移为主，政府部门有组织转移的只占少数。这表明，民族地区农民外出务工具有盲目性与不稳定性，以及一定的风险性。同时也表明，政府在促进农民转移进入城镇就业方面的作用，还没有充分发挥出来，未来还有许多努力的空间。

第四，广西农民在外出就业的行业上与发达地区农民就业工种存在高度重合。受到文化水平不高的限制，广西农民外出就业主要集中于制造业、建筑业、住宿及餐饮业等劳动密集型行业中，且缺乏有组织的技能培训，这不仅使得他们收入难以提高，而且与发达地区内自身流动的农民工

---

① 彭清华：《田阳县农民工调查》，《广西日报》2014年1月2日。

就业行业高度重合，一旦就业形势发生改变，就很难与发达地区本土农民进行竞争。

第五，广西外出务工农民在新形势下有返乡就业的意愿。在新时期国家开放开发政策西移、东部地区产业转移、中西部大力实施城镇化等背景下，广西经济发展加快，在产业发展和城镇化建设等方面需要的劳动力增多。同时经过多年的外出务工，农民已逐渐产生"外出疲劳"，在情感、经济获得以及方便照顾家庭等方面的考量上，都为返乡就业提供了基础。

| 第五章 |

广西人口城镇化就业的制约因素

总的说来，从国家宏观政策和广西城镇化发展需求以及农民自身的需要来说，当前广西的发展都具有了人口城镇化就业的有利方面。但另一方面的问题也不容忽视，即存在着一些制约人口城镇化就业的因素，这些因素既有客观的，也有主观的。结合上一章广西人口城镇化就业的特点和规律，本章从区域产业结构、劳动力的文化素质与培训情况、农村劳动力转移制度、农民的城镇就业能力等方面，采用资料分析与实证调查的方法，分析广西人口城镇化就业的主客观阻滞因素。

第一节　广西人口城镇化就业的客观制约因素

广西人口城镇化就业的客观制约因素，或外在阻滞因素，是指存在一些不利于进城农民就业的外在的、客观的因素，仅靠农民自身的努力是无法改变的，需要通过外界力量去改善。

一　区域产业结构不合理

产业结构是指各产业的构成及各产业之间的联系和比例关系，包括产业的构成、各产业之间的相互关系在内的结构特征。[①] 本研究所言的"产业的构成"和"产业"，是按照三次产业分类法进行第一、第二、第三产

---

① 徐应娜：《社会转型期的职业教育发展的对策研究》，《现代教育论丛》2010 年第 11 期。

业划分的。

就三次产业上看，首先，广西是一个农业大省。其特点表现如下。一是从国土面积上看，广西为 23.63 万平方千米，全国排名第 9 位。根据第二次土地调查结果显示，2009 年广西耕地总面积为 443.1 万公顷，占广西土地总面积的 18.75%。现有耕地面积总量居全国第 15 位，占比排名第 19 位。二是从粮食种植和产量来看，2017 年广西播种面积为 297.6 万公顷，占全国播种面积的 2.65%，居全国第 19 位；粮食总产量 1467.7 万吨，占全国总量的 2.38%，全国排名第 15 位。① 三是从农业产值（大农业）上看，2017 年广西壮族自治区农林牧渔业总产值为 4743.03 亿元②，同年全国农林牧渔总产值为 114696.2 亿元③，广西占比为 4.14%。2017 年广西全区生产总值（GDP）20396.25 亿元④，农业比重占 23.25%。2017 年中国国内生产总值 827122 亿元⑤，农业比重占 13.87%。广西农业比重远超全国水平。四是从农业人口来看，2017 年末，广西常住人口 4885 万人。从城乡结构看，城镇常住人口 2404 万人，城镇人口比重为 49.21%，乡村常住人口 2481 万人⑥，占广西常住人口的 50.79%，农业人口比重较大。五是从农村居民收入水平上看，据广西区政府召开的区直相关单位年终工作会议公布的数据，2017 年广西农村居民人均可支配收入 8169 元，比上年增长 9.5%，增速在全国排名由 2015 年的第 15 位上升到 2017 年的第 4 位。⑦ 尽管增速在全国处于前列，然而对比 2017 年全国居民人均可支配收

① 《国家统计局：2017 年全国粮食总产量 61791 万吨》，http://www.xinhuanet.com/fortune/2017 - 12/08/c_129760505.htm。
② 《2017 年广西壮族自治区农林牧渔总产值统计分析》，https://www.chyxx.com/data/201804/629569.html。
③ 《2017 年中国农林牧渔总产值统计分析》，http://www.sohu.com/a/222414096_775892。
④ 《2017 年广西生产总值（GDP）20396.25 亿元 同比增 7.3%》，http://www.tibet.cn/cn/Instant/finance/201801/t20180126_5403284.html。
⑤ 《国家统计局：2017 年中国 GDP 总量超 82 万亿 全年增速 6.9%》，http://finance.sina.com.cn/china/hgjj/2018 - 01 - 18/doc-ifyquptv7644897.shtml。
⑥ 《2017 年广西经济运行总体平稳 稳中提质增效》，http://www.gxtj.gov.cn/tjsj/xwfb/tjxx_sjfb/201801/t20180119_141314.html。
⑦ 《广西农村居民人均可支配收入同比增长 9.5%》，http://www.gov.cn/xinwen/2018 - 01/07/content_5254023.htm。

入 25974 元、农村居民人均可支配收入 13432 元①来看，广西农村居民人均可支配收入不仅与全国居民人均可支配收入相距较远，就是与全国农村居民人均可支配收入相比也差距不小，反映了广西农村居民收入还处在较低水平。

其次，广西的工业不发达，发展不强。这里从两个方面进行说明，一方面，广西工业企业数量不多。广西 14 个地级市中，工业发展较好、能够被称为"工业城市"的只有柳州市。柳州拥有汽车、冶金、机械三大支柱产业。汽车制造业有上汽通用五菱、广西汽车集团、东风柳汽、柳州特种汽车厂、中国重汽柳州运力、延龙汽车等，冶金有柳钢集团，工程机械有柳工集团等。汽车方面的零部件配套产业链则有联合电子、福耀玻璃、玲珑轮胎等。此外，柳州的化工、制糖、造纸、制药、建材、日化等工业体系也较为发达，知名的有两面针牙膏、金嗓子喉片、花红药业等一大批国内外知名工业产品。在南宁有南宁卷烟厂、南南铝业，桂林有三金药业，玉林有玉柴机器、南方黑芝麻集团、广西三环企业集团等知名企业。然而总体上看，广西的工业企业数量并不多。根据广西壮族自治区统计局网站的最新数据，2016 年广西工业企业数量及其就业人数如表 5-1 所示。

表 5-1　2016 年广西工业企业数量及其从业人员情况

指标	企业单位数（个）	全部从业人员年平均数（人）
内资企业	5038	1390291
港澳台商投资企业	261	153633
外商投资企业	165	103820
总计	5464	1647744

广西这一数据，远远低于发达地区如广东同年统计的工业企业单位数 563273 个，就业人员年平均人数的 14178400 人。②

另一方面，广西的工业生产总值较低。同样来自广西壮族自治区统计局网站的最新数据，2016 年广西工业总产值为 2446.69 亿元，而同期广东

---

① 车亚焕：《广西积极推动实施乡村振兴战略》，《中国工商报》2018 年 6 月 5 日。
② 见广东统计信息网《广东统计年鉴 2017》，工业部分。

工业总产值则达 144926.09 亿元，广西工业总产值仅为广东的 1.69%，差距巨大。由于工业总产值反映了工业企业的生产能力和实际销售能力，工业总产值低，这不仅意味着工业企业数量少，也意味着现有工业企业的生产和实际销售能力总体水平不高，而这二者都会直接制约就业人员的吸收。

最后，广西第三产业发展缓慢。第三产业即服务业，包括：批发和零售业，交通运输、仓储和邮政业，住宿和餐饮业，信息传输、软件和信息技术服务业，金融业，房地产业，租赁和商务服务业，科学研究和技术服务业，水利、环境和公共设施管理业，居民服务、修理和其他服务业，教育、卫生和社会工作，文化、体育和娱乐业，公共管理、社会保障和社会组织，国际组织，以及农、林、牧、渔业中的农、林、牧、渔专业及辅助性活动，采矿业中的开采专业及辅助性活动，制造业中的金属制品、机械和设备修理业。① 广西的第三产业发展情况从就业比重、产值比重、人均服务产品占有量、服务密度等方面作为衡量指标。②

（1）就业比重。第三产业就业人员除以全区总人口即为就业比重（此处仅以规模以上单位计）。③ 据统计，2016 年广西规模以上单位第三产业从业人员为 75.9 万人，增长 3.8%；第三产业从业人员占全部规模以上单位从业总人数的比重为 22.6%。根据相关数据显示，广东第三产业从业人员比重近三成，北京、上海等其他发达地区的第三产业从业人员比重达五到八成。④

（2）产值比重。一般来说，第三产业比重高，第三产业的发展水平就高。⑤ 根据 2016 年广西壮族自治区国民经济和社会发展统计公报公布的数据，2016 年广西第三产业增加值占地区生产总值的比重为 39.6%，而同年

---

① 第三产业的划分来自国家统计局：《第四次全国经济普查公报（第二号）》，http://www.stats.gov.cn/tjsj/zxfb/201911/t20191119_1710335.html.

② 该指标主要参考李江帆《第三产业的产业性质、评估依据和衡量指标》，《华南师范大学学报》（社会科学版）1994 年第 3 期。

③ 考虑到服务的实际意义，本处的"总人口"是指"常住人口"。

④ 韦昆：《2016 年广西规模以上单位就业特征分析》，《人事天地》2017 年第 9 期。

⑤ 李江帆：《第三产业的产业性质、评估依据和衡量指标》，《华南师范大学学报》（社会科学版）1994 年第 3 期。

全国的第三产业增加值比重为 51.6%[1]，广西第三产业增加值比重比全国低 12 个百比点。

（3）人均服务产品占有量（元/人）。其值等于第三产业增加值除以全区总人口。[2] 人均服务产品占有量高，标志着第三产业发展的绝对水平高。[3] 根据 2016 年广西壮族自治区国民经济和社会发展统计公报公布的数据，2016 年广西第三产业增加值为 7226.52 亿元，年末全区常住人口 4838 万人，则广西人均服务产品占有量约为 14937 元/人。而同年全国第三产业增加值 384221 亿元，年末全国常住人口为 138271 万人，全国人均服务产品占有量约为 27788 元/人。广西人均服务产品占有量仅为全国水平的 53.8%。

（4）服务密度（万元/平方千米）。其值等于第三产业增加值除以全区总面积。[4] 按照上述数据，2016 年广西第三产业增加值为 7226.60 亿元，而广西全区总面积为 23.76 万平方千米，由此广西第三产业服务密度为 30.4 万元/平方千米。而全国水平为 40.0 万元/平方千米，广西第三产业服务密度仅为全国水平的 76%。

从以上数据和比较可以看出，广西第三产业发展水平较为缓慢，各方面数据不仅与发达地区相差巨大，即便与全国水平相较也有相当距离。而从广西一、二、三产业结构上看也可以发现这样的特点，可将其概括为"第一产业大而不强，第二产业快而不大，第三产业小而不快"。广西三次产业发展的这种特点，显然难以解决大量的人口城镇化就业问题。

二　人口城镇化就业存在制度性障碍

制度条件是最根本的。由于受我国长期以来实行严格的城乡二元结构

---

[1]　《2016 年中国 GDP 为 74.4 万亿　第三产业增加值占比 51.6%》，http://www.askci.com/news/finance/20170228/09555391892.shtml。

[2]　李江帆：《第三产业的产业性质、评估依据和衡量指标》，《华南师范大学学报》（社会科学版）1994 年第 3 期。

[3]　李江帆：《第三产业的产业性质、评估依据和衡量指标》，《华南师范大学学报》（社会科学版）1994 年第 3 期。

[4]　李江帆：《第三产业的产业性质、评估依据和衡量指标》，《华南师范大学学报》（社会科学版）1994 年第 3 期。

的影响，即使在最近几年全国已推进城乡一体化建设的今天，有关城乡分割的就业制度的限制仍然存在，农村劳动力仍然不能获得与城市人口平等竞争劳动岗位的机会。这是由于在现行的就业制度下，多数城市对农村人口在城市就业存在着限制。

一是在就业的行业、工种上的限制。虽然早在 2006 年实施的《事业单位公开招聘人员暂行规定》中就明确了"事业单位公开招聘人员，不得设置歧视性条件要求"①。但在强调新型城镇化的当前，仍有一些县市明确禁止、限制外来农民工从事公务员、事业单位职员、客运出租汽车驾驶员等行业、工种。体现为在招聘要求中普遍可见的是"本地户籍/居住证"的歧视性条件。如在事业单位和党政府机关的聘用制人员招聘上，广西一些地市、县乡仍存在户籍限制。以 2018 年为例，合浦县公开招聘教师 506 名，但要求"目前户籍属于广西北海市合浦县"②，玉林陆川县司法局事业单位招聘要求"户籍为陆川县或居住陆川的常住人口"③，玉林陆川县司法局事业单位招聘社区戒毒康复工作辅助人员 19 名，要求"户籍为陆川县或居住陆川的常住人口"④，广西柳花岭林场事业单位招聘治安员要求"籍贯为来宾市范围"⑤，柳州市柳北区城市管理行政执法局招聘男性城管协勤员 25 名，要求"常住户口或生源地为柳州市区的人员（含五县）户口"⑥，贺州昭平县公安局招聘 20 名应急处突队员（公安辅警），要求"户籍在昭平县辖区"⑦，桂林秀峰区人武部面向社会公开招聘 5 名聘用制常住营区民兵应急分队队员，要求"具有桂林市户籍"⑧，桂林秀峰区城市管理监察大

① 《多地事业单位招考设置户籍限制 被指涉嫌歧视》，http://www.chinanews.com/gn/2012/08-20/4117609.shtml。
② 《2018 年广西北海合浦县教师招聘公告》，http://www.gjgwy.org/201804/382270.html。
③ 《2018 年广西玉林陆川县司法局事业单位招聘公告》，http://www.gjgwy.org/201808/395208.html。
④ 《2018 年广西玉林陆川县司法局事业单位招聘公告》，http://www.gjgwy.org/201808/395208.html。
⑤ 《2018 年广西柳花岭林场事业单位招聘公告》，http://www.gjgwy.org/201803/379990.html。
⑥ 《2018 年广西柳州市柳北区城市管理行政执法局招聘公告》，http://www.gjgwy.org/201803/377142.html。
⑦ 《2018 年广西贺州昭平县公安局招聘公告》，http://www.gjgwy.org/201802/374174.html。
⑧ 《2018 年广西桂林秀峰区人武部招聘公告》，http://www.gjgwy.org/201801/371204.html。

队公开招聘合同制城管队员 50 名，要求"具有桂林市户籍"①，广西共青团玉林市委员会招聘编制外工作人员 4 名，要求"玉林市（含县〈市、区〉）户口"②；来宾市忻城县城关镇人民政府招聘城关镇党政机关编外工作人员 2 名，要求"户籍在本县内或为本县常驻人口"③；贺州市昭平县公安局公开招聘公安辅警 5 名，要求"户籍在昭平县辖区"④。有的虽然没有明确规定必须要当地户口，但以"本地户口优先"的条款进行了变相限制。如广西北海市涠洲岛旅游区城管执法大队招聘驻岛综合执法队员 10名，规定"北海籍人员优先录取"⑤，贵港桂平市木乐镇人民政府招聘城镇综合执法协管员 10 名，规定"本镇户籍人员……优先考虑"⑥；南宁市隆安县事业单位计划招聘每个乡镇及华侨管理区党建联络员各 1 名，共 11 名，要求"具有隆安县户籍"，且"本乡镇（本辖区）户籍优先"⑦。这还是在自 2014 年广西南宁就宣布取消事业单位招聘户籍限制的条件下的规定。

在服务性行业如客运出租汽车驾驶员等行业、工种也进行了户籍地限制。如《南宁市出租汽车客运管理条例》（2007 年）中关于出租汽车驾驶员的从业资格，就规定了必须要"有本市户口或暂住证"（第二十条第三款）。即便 2017 年 9 月公布的《南宁市出租汽车客运管理条例（修订草案征求意见稿）》关于出租汽车驾驶员的条件，也仍然有"有本市户籍或者居住证"的规定（第十九条第三款）。此外，柳州、桂林、百色等其他城市的出租汽车客运管理规定也都规定了出租汽车驾驶员必须要"有本市户口或暂住（居住）证"，桂林、百色等还规定了学历要"初中以上文化程

① 《2018 年广西桂林秀峰区城市管理监察大队招聘公告》，http://www.gjgwy.org/201801/371205.html。
② 《2018 年广西共青团玉林市委员会招聘公告》，http://www.gjgwy.org/201802/374613.html。
③ 《2018 年广西来宾市忻城县城关镇人民政府招聘公告》，http://www.gjgwy.org/201803/377134.html。
④ 《2018 年广西贺州市昭平县公安局招聘公告》，http://www.gjgwy.org/201801/370568.html。
⑤ 《2018 年广西北海市涠洲岛旅游区城管执法大队招聘公告》，http://www.gjgwy.org/201802/374838.html。
⑥ 《2018 年广西贵港桂平市木乐镇人民政府招聘公告》，http://www.gjgwy.org/201801/370569.html。
⑦ 《2018 年南宁市隆安县事业单位招聘乡镇、华侨管理区党建联络员公告》，http://www.shiyebian.net/xinxi/264417.html。

度"的限制。

上述限制，既说明了城乡二元分割体制下形成的身份歧视仍难以消除，尤其"在事业单位招考中，无论以何种形式对户籍作出优惠、限制或排斥的规定，都是典型的户籍歧视"①。同时，也表明了一种"当地人优先"、解决本地人就业的"保护主义"思路。这种对外地农村劳动力进入城镇后主要被限制在"非正规"部门就业，使得其不能与城市劳动力处于平等的竞争地位。②

二是就业创业培训上对外来农民工的限制。无论是面向农村劳动力的就业培训，还是面向就业困难群体的职业技能培训和创业培训，均"排斥"外来农民工。如2016年8月3日正式揭牌成立的柳州市工会创业就业培训基地——柳州市康之桥职业培训学校开办的各类培训班，就要求"凡持有已年检《就业失业登记证》的下岗失业人员、柳州市区及周边六县农村户口人员、工会下属困难职工本人及子女、应届毕业生均可免费参与各课程的初级培训，并免费介绍工作"③。南宁市青年就业创业服务中心的服务对象是个人，也要求"具有南宁市户籍，年龄在18—45岁的具有就业、创业意愿的城市失业青年、农村青年、进城务工青年、大中专毕业生"④。县一级在享受免费培训待遇上也有户籍的限制。如2015年，田东县职业技术学校被定为自治区农民工培训实训基地，面向社会招收学员时，就规定了年龄在16岁到60岁的"当地人"才可报名免费学习和培训。⑤

三　进城就业收入较低

毫无疑问，农民进城就业的首位考虑因素是经济获利。诚如马克思所

---

① 《多地事业单位招考设置户籍限制　被指涉嫌歧视》，新闻中心，http://www.chinanews.com/gn/2012/08 - 20/4117609. shtml。

② 边继云：《城市化进程中农村劳动力转移的制度性障碍分析》，载邓良基主编《加强农业综合生产能力的技术经济问题研究——中国农业技术经济研究会2005年学术研讨会论文集》，中国农业科学技术出版社，2006。

③ 《柳州市工会创业就业培训基地"康之桥"挂牌成立》，http://www.gx.xinhuanet.com/liuzhou/20160804/3344908_c. html。

④ 《南宁市青年就业创业服务中心挂牌一站式服务》，就业，http://news. bangkaow。

⑤ 《深圳力量在广西　精准扶贫见成效》，https://www.myzaker.com/article/5950f87e1bc8e03968000598/。

言，"人们奋斗所争取的一切，都同他们的利益相关"。[①] 这个"利益"，就包含了最主要的经济利益。农民进入城镇就业，就不能不首先关注经济利益的获得。

在本研究的问卷调查中，绝大部分农村劳动力都有过进城非农务工的经历。务工经历主要集中在 1～3 次，这部分人占 90.7%。从未进城务工过的只有 0.3%。即使只算到最近三年到过城镇进行非农务工的经历，也仍有 49.5% 的农民表示"有过"。具体进城进行非农就业的时间，则基本集中在 1～3 年时间。而最为关键的问题，就是问卷涉及的农民均已返乡。返乡的原因有多种，其中之一便是城镇就业获得的薪酬不高。这在调查的农民中持此说法的有 201 人，占有效问卷的 13.2%。

在城镇就业后的各项生活开支较大。这些开支一般包括：日常生活的衣食住行开支、小孩的教育开支。这些开支，在农村显然要低很多。如果在城镇就业除去以上开支外所剩无几，甚至还比不上务农所获，农民自然就不会进入城镇就业。如笔者的调查中，在"如果今后国家或地方政府全面放开户口限制，您是否想到城镇居住、成为城里人？"的问题中，就有 551 人、占 36.2% 的农民表示"不想"。而"不想"的原因，就有相当一部分是因为"城镇开支太大"，达 305 人，占 20.0%。从访谈调查来看，主要开支就是房租费，多数要占到月收入的 1/5 到 1/2；其次是跟随来城市的小孩的读书费用。

四　城镇就业机会不多

城镇就业机会是农民"洗脚上岸"进城的基础，如若缺乏就业机会，就没有可持续的收入来源，基本生活也难以维持。因而城镇就业机会也成为农民进城流向的风向标，呈现出这样一个规律：人口越多的城市，聚集的产业越多，就业机会也越多，而就业机会越多，也就越能聚集人口。相反的，除了一些因资源限制等原因设立产业外，则是人口越少的城镇越难聚集产业和吸引人口，呈现出一种"马太效应"。从而在国家层面，人口

[①] 马克思：《第六届莱茵省议会的辩论（第一篇论文）》，《马克思恩格斯全集》第 1 卷，人民出版社，1956，第 82 页。

的聚集规律是以"一线—二线—三线—四线"城市依次递减，而在一个省（自治区）层面上，则是以"省会（自治区首府）—地市—县—乡镇"为依次递减规律。从而一方面造成了一线城市、特大城市、省会城市的人口总体过多，同质性强而又人数最多的普工就业压力大；另一方面是在外出其他省份的农民工返乡后又有意愿就近就地城镇化就业的良好形势下，目前县、乡镇的就业机会又往往不多。这样的局面在民族地区表现得尤为明显，从而出现就业机会不均衡的现象。

本研究的访谈也表明了就业机会的多少不仅影响到就业，还直接影响到能否在城镇继续生活下去。说明就业机会不多，进入城镇具有暂时性。

> 阮姓男子50多岁，来自百色市田东县，来南宁3年。现主要打零工，在工地工作或搬东西。对于为何来南宁而不在老家的县城或乡镇，或到别的城市务工？他的回答是，价钱差不多，主要是田东工作少。如果一直没有稳定的工作和收入，也会考虑离开南宁。因为没钱过啊。[1]
>
> 李女士47岁，来自南宁宾阳县，已来南宁12年。现主要从事工地、小区临时工、搬运工等工作，对于为何来南宁而不在老家的县城或乡镇，或到别的城市务工？她的回答是："县城很少有这种工作。县城工钱也少。"[2]
>
> 50多岁的黄女士来自宾阳县，来南宁十多年，一直从事临时工工作，对于为何来南宁而不在老家的县城或乡镇，或到别的城市务工？她的回答是："县城很少有这种工作。"[3]

这种城镇就业机会的短缺影响到了潜在的城镇化人口，成为他们"望而生畏"不想进入城镇的一大主因。

---

[1] 访问编号：20170525QYJ005。
[2] 访问编号：20170525QYJ003。
[3] 访问编号：20170525QYJ001。

五　城镇治安欠佳

农民进入城镇后，"安居"即安心居住下来是"乐业"的基础。不能"安居"，就不可能有好的心情去"乐业"，放心去"乐业"。"安居"除了要有基本的居住条件、不至于居无定所而"安心"外，还应包括"安全居住"，即居住和生活的治安状况良好。

一般而言，农村社会由于居住人员较为固定，村民交往时间长，彼此较为熟悉，且有乡村礼俗伦理的作用，尽管在人口流动背景下已由完全的"熟人社会"转变为了"半熟人社会"①，彼此关系不如过去"熟人社会"那般亲密，乡土伦理的制约作用也有所减弱，但由于亲缘、血缘关系大多仍在农村，与乡村仍有密切关系，如果做了什么坏事，不仅自身会被村民唾弃，而且将会连累到自己的亲戚、家族在农村中的声誉。即使是一种舆论，也足以让亲戚、家族在农村中抬不起头来。顾及这一点，农村的偷、盗、抢、打等不良治安现象总体极少，农民的安全感较强。而城镇人口流动性大，异质程度高，伦理道德的约束能力较弱，加上人口众多，治安力量不足，不时发生的治安事件甚至刑事案件，经各种媒体的传播和返乡农民工的信息扩散，使得城镇治安在农民眼里印象不佳，甚至成为农民在城镇就业生活的"最担心"的因素之一。本研究的调查中，就有235人在"在城镇生活，您最担心什么？"的问题中，回答为"治安"，占到15.4%。

六　城镇居民的歧视

歧视，本身含有一种主观感受，但更多是来自外界的真实刺激。这种刺激，在农民看来，是一种城镇人天生所具有的优越感。而这种优越感的产生，既来自先天家庭出身的普遍良好和教育、见识，也来自后天的长期城乡分割对城镇人的制度性保护。歧视虽然不是普遍现象，但歧视又确实存在。歧视现象包括学历、户籍、民族、性别等。这种歧视不仅表现在生

① 贺雪峰：《论半熟人社会——理解村委会选举的一个视角》，《政治学研究》2000 年第 3 期。

活中，也体现在就业或就业收入中，且在中高收入水平的行业里表现得更为明显。如梁伟杰、李国正利用回归分析研究表明，在较高的工资水平的行业中，普遍有对于农村户口的歧视。分析了当前农民工和城市工的工资歧视问题。[1] 而谢嗣胜、姚先国的研究则发现，农民工和城市工的平均工资收入差异中，44.8%的工资差异是由个人特征不同形成的，55.2%的工资差异要归结于歧视性因素。[2] 这样的歧视，成了农民进城就业的阻滞因素之一。本研究的调查中，在问到"在城镇生活，您最担心什么？"的问题上，就有163人、占10.7%的农民回答为"被歧视"。

第二节　广西人口城镇化就业的主观制约因素

前一节是从客观方面论述了广西农民在进入城镇化就业方面受到的阻碍因素。本节将从主观方面进行这一问题的论述，包括劳动力的文化素质、城镇就业能力等，从另一侧面阐明民族地区人口城镇化就业受到的制约。

一　劳动力的文化素质不高

据原广西壮族自治区党委书记彭清华2014年对田阳县农民工的调查表明，外出农民工中，初中及以下文化程度的占84.2%。全县农村劳动力中，参加过农业技术培训的只有9%，参加过非农技术培训的只有7%。[3] 而据同期的广西壮族自治区人力资源和社会保障厅课题组发布的2014年《广西农民工职业培训调查研究报告》，2013年广西外出务工农民工文化程度为：小学及小学以下文化的占16.5%，初中文化占60.7%，高中文化占16.5%，大专以上文化占6.3%。[4] 广西2015年全国1%人口抽样调查数据

---

① 梁伟杰、李国正：《农民工就业市场逆向歧视现象研究》，《广西社会科学》2016年第5期。

② 谢嗣胜、姚先国：《农民工工资歧视的计量分析》，《中国农村经济》2006年第4期。

③ 彭清华：《田阳县农民工调查》，《广西日报》2014年1月2日。

④ 广西壮族自治区人力资源和社会保障厅课题组：《广西农民工职业培训调查研究报告》，《人事天地》2014年第7期。

分析显示，在全部流动人口中，受教育程度为初中及以下的人口占 55.4%，其中未上过学的占 1.6%，小学占 15.2%，初中占 38.6%。普通高中和中职占 21.2%，其中普通高中占 12.8%，中职占 8.4%。大学专科以上占 23.3%，其中大学专科占 10.2%，大学本科占 12.8%，研究生约占 0.3%。① 广西壮族自治区人社厅发布的《2016 年广西在粤农民工情况调查报告》则同样显示，从受教育的程度来看，广西在粤农民工文化程度较低，以具有初中和小学文化程度为主体。文化水平低严重制约了在粤农民工就业层次的提高，大部分人只能在劳动密集型产业生产线就业，很难进入较高层次的产业，影响了工资收入。② 不仅如此，从新型城镇化潜在的进城农民工群体来看，本研究的调查也表明广西潜在进城务工者文化程度较低的现状。

如表 5 - 2 所示，广西未来进入城镇就业的农民工中，将有 86% 的学历为中小学及以下（甚至含 4.3% 的文盲）的文化程度。而未来广西在国家科技发展、社会进步的总体趋势下，也在产业升级、现代技术使用等方面提出较高要求，文化程度低的农民工进入城镇，在实现稳定的、可持续的就业上将面临巨大压力。

表 5 - 2　调查样本中的农民工受教育情况

文化程度	人数（人）	百分比（%）
文盲	65	4.3
小学	406	26.7
初中	669	43.9
高中	169	11.1
中专	78	5.1
大专	81	5.3
本科及以上	53	3.5
说不清	2	0.1

① 广西壮族自治区统计局：《广西流动人口特征分析——基于广西 2015 年全国 1% 人口抽样调查数据分析》，http://www.gxtj.gov.cn/tjxx/yjbg/qq_267/201608/t20160810_126945.html。
② 广西壮族自治区就业局：《广西在粤农民工情况调查报告》，《人事天地》2014 年第 8 期。

二 农村转移人口的城镇就业能力不强

就业能力（employability）这一概念通常也被翻译为"可雇用性""可就业能力""就业力"等不同术语，是一个有着丰富内涵，并不断发展变化的概念。① 迄今，就业能力已发展成为一个综合性概念，内在地包含多种结构和要素。② 本研究认为，就业能力所包含的结构和要素不仅在不同研究者那里不同，就是在同一研究者那里，不同群体身上所体现的结构和要素也应有所不同或侧重。从农民城镇就业的特点与实际来说，主要应包含：获取工作机会的能力、适应工作岗位要求的基本能力、职业转变的适应能力等方面。

（一）获取就业机会的能力

农民如何获得就业机会而进入城镇，或者进入城镇就业后在面临失业危险时如何获得持续再就业的机会，这是农民打开进城道路或在城里能否留得住的关键。农民获取就业机会的能力，又包括了人际交往能力、使用现代信息技术的能力、沟通交流能力等。

人际交往能力决定了一个人交往半径和交往幅度。人际交往能力越强，交往半径越大，越容易获得关键的就业信息，从而容易获得就业机会。这对就业渠道主要依靠亲缘、朋友关系的民族地区农民而言更为重要。如前所述，广西农民外出务工主要依靠亲朋好友的介绍，就业机会窄。而对于新生代农民工而言，理论上讲则是家庭经济状况越好掌握的就业信息越多，就业搜集能力也越强。③ 然而一个悖论是，外出务工者往往是家庭经济条件较差者而非较好者，从而在掌握就业信息、就业信息搜集能力上较弱。

在使用现代信息技术的能力方面。农民外出务工求职的方式，如上述的他人介绍，或者还有本人亲自到人才市场或"马路市场"去碰运气的方

---

① 冯学东：《就业能力概念、内涵及结构要素的研究述评》，《中国商贸》2014 年第 1 期。
② 冯学东：《就业能力概念、内涵及结构要素的研究述评》，《中国商贸》2014 年第 1 期。
③ 岳雪莲：《广西新生代农民本土就业影响因素探讨》，《中南民族大学学报》（人文社会科学版）2014 年第 1 期。

式，均可被称为"个人揽活""人找人"的方式。这些方式不仅传统，而且风险也大，还不稳定。作为目前农民进城务工最多选择方式的他人介绍，如果介绍工作的同乡品格不端正，那就很有可能会误入歧途。而且毕竟工作机会有限，所以仅仅靠他人介绍也可能会出现闲置期。[①] 而马路劳务市场求职虽然门槛低、短平快，但找到的工作一无劳动合同，二来并不能保障工钱到手，一旦在劳动过程中发生工伤或工资纠纷，将给农民工维权带来很大困难。[②] 这些途径的共同弊端就是，如果你人脉不够广，很难找到好活；而一旦这个起领导作用的人携款潜逃，农民工的工资也难以得到保障。[③] 正如有农民工所言："找工作，拼的就是谁信息知道得多、知道得快。"[④] 从而，作为一种方便、快捷、信息丰富、来源广泛、成本低的求职方式，网络求职就理应成为一种新时期农民求职的优先选择方式。正规的农民工就业供求信息网站能够实现供需双方对接成功率最大化。2018 年 1 月 31 日公布的广西壮族自治区第三次全国农业普查主要数据公报显示，广西平均每百户农民拥有计算机 16.6 台，手机 249.3 部。2016 年末，88.3% 的乡村通宽带互联网[⑤]，属于快速增长。然而与全国情况相比较，当前广西农村居民家庭平均每百户计算机拥有量还不及全国 2011 年的水平（2011 年全国农村居民家庭平均每百户计算机拥有量为 18.0 台[⑥]），平均每百户农户拥有手机数量则稍稍高出全国平均水平（2016 年全国平均每百户农户拥有手机 244.3 部[⑦]）。这也显示了手机的灵活性和方便性使用以及功能的多样性更受青睐的特点。然而一个不可忽视的现实是，一项关于新

① 《农民工进城找工的四大有效途径：哪一种最适合你？》，http://www.sohu.com/a/116408696_403455。

② 赵昂：《农民工为何徘徊在正规劳务市场之外？》，《工人日报》2013 年 9 月 19 日第 3 版。

③ 《浅析农民工找工作途径 网站求职越来越流行》，http://www.sohu.com/a/119620239_438409。

④ 《农民工闻"缺"奔向珠三角 月工资飙升至 3000 元》，http://news.sohu.com/20100222/n270342485.shtml。

⑤ 《广西壮族自治区第三次全国农业普查主要数据公报（第三号）》，http://www.gxtj.gov.cn/tjsj/tjgb/qqgb/201801/t20180131_143558.html。

⑥ 见国家统计局网站年度统计，http://data.stats.gov.cn/easyquery.htm?cn=C01。

⑦ 《统计局：2016 年全国平均每百户农户拥有小汽车 24.8 台》，http://www.sohu.com/a/210479285_313745。

媒体时代广西农民网络媒体接触情况的实地调查显示，556 份有效问卷的样本中接触网络的农民平均年龄为 22 岁。其中 20～29 岁年龄段网民占 42.7%，10～19 岁年龄段占 28.2%。50 岁以上接触网络人群所占比例仅为 0.1%。① 也就是 50 岁以上农民几乎不会使用网络。而 50 岁以上农民正是求职困难者。同时调查结果表明，样本中接触网络媒体的大部分是农村的"中产阶级"。② 对于那些低收入、迫切需要进城镇求职者而言，网络就成为一个障碍，不得不回到传统的求职方式中寻找就业机会。

沟通交流的能力。沟通交流能力是获得就业机会的基础。良好的沟通交流能力甚至是实现就业和职业发展的关键。虽然对于不同的具体行业而言，沟通交流能力的重要程度有所差别，但任何职业都离不开人与人之间的沟通交流，特别是对于想成为城市白领或者进入服务行业的农民来说，在有较多竞争者的条件下，沟通交流就更是一项必备的能力。首先，农民求职要与雇主（面试者）进行沟通交流，双方了解对方的背景、需求等基本信息，决定是否建立雇佣关系。其次，在后续的工作过程中，已成为工人（服务员）的原农民仍然要与雇主（管理者）、服务对象不断进行沟通交流。沟通交流能力如何，仍将影响到就业的可持续性问题。

此处讲的沟通交流能力问题，包含两个方面内容：一是表达能力差，即存在表达的困难和障碍，以致难沟通交流；二是语言障碍，即本身表达能力没有困难，而困难在于民族语言上与其他语言（包括普通话）由于存在较大差异无法交流。对于大多数广西农民而言，主要的困难在于第二个方面。这是因为，广西的民族语言多而复杂。在世居广西的 12 个民族③中，除汉族、回族使用居住地的汉语方言外，其余民族均有自己的语言，分别是壮语、瑶语、苗语、侗语、仫佬语、毛南语、京语、彝语、水语、

---

① 罗香妹、申帅芝：《新媒体时代广西农民网络媒体接触情况的实证研究——基于广西农村的实地调查》，《桂林航天工业学院学报》2014 年第 4 期。

② 罗香妹、申帅芝：《新媒体时代广西农民网络媒体接触情况的实证研究——基于广西农村的实地调查》，《桂林航天工业学院学报》2014 年第 4 期。

③ 广西是多民族聚居的自治区，世居民族有壮、汉、瑶、苗、侗、仫佬、毛南、回、京、彝、水、仡佬等 12 个，还居住有满、蒙古、朝鲜、白、藏、黎、土家等其他民族。

仡佬语等。① 有的民族使用几种语言，有的语言包括几种方言，有的方言还有几种亚方言（即土语）。② 如壮语又可分为北部和南部两大方言，这两大方言又可分为 13 个土语区，其中有 8 个土语区属于北部方言，5 个土语区属于南部方言。壮语标准语是以北部方言为基础方言，以壮语武鸣音为标准音。因此，北部方言与标准音的差别较小，南部方言与标准音的差别较大。③ 此外，瑶语、苗语等内部方言之间也差异较大。因此在广西，不仅"十里不同音"，甚至"一山又一语""隔墙不同音、隔田不同语"。以至于柳宗元在广西柳州做刺史时，发出了"郡城南下接通津，异服殊音不可亲"④ 的感慨。柳宗元在开展工作时，"愁向公庭问重译"，不得不在办公室设立翻译一职。依靠翻译工作，效率自然低下，有时原本一个时辰就能审完的案子，由于需要穿插翻译得审一整天，使柳宗元苦不堪言。当代中国虽然强力推行和使用普通话，广西也努力推广普通话，普通话普及率也高，但普通话总体水平比较低。仍有一些贫困落后的地区农民不仅说不好、不会说普通话，甚至还有普通话都听不懂的，与人交流成为问题。如广西最西部的百色市隆林各族自治县的一些村庄，很多村民就听不懂普通话，外来干部入村做工作得靠翻译。不会说普通话，好政策难以上传下达，村民走出大山，也困难重重。广西来宾市忻城县古蓬镇上浪村村民韦群喜到柳州帮别人带小孩时，因口音不标准，怕小孩子跟着学而被嫌弃。村民黄克敏初中毕业后到广东的制衣厂工作，管理出货和退货，经常需要与外地客商交流。然而很多时候他听不懂外地客商的普通话，外地客商也听不明白他的普通话，被同事们嘲笑还遭到客商差评。更有曾在广东东莞酒店当服务员的广西村民，因为操一口浓重乡音，不会讲白话，普通话又吐字不清，经常被同事嘲笑，客人也不满意，最终被老板炒"鱿鱼"的案例。⑤ 广

---

① 《秀丽广西，流连忘返》，http://qnzz. youth. cn/zhuanti/xsxx2015/fxlx/201506/t20150605_6721320. htm。

② 杨启标：《切合实际，定位好广西双语法官培养培训工作》，http://www. gxmzb. net/szb/html/2015 – 06/26/content_13779. htm。

③ 《基础知识系列（一）、壮语概述》，http://www. gxmyw. com. cn/wsxzw/2015/1109/875. html。

④ （唐）柳宗元：《柳州峒氓》。

⑤ 王小丁、闫青：《柳州培训农民工：外出务工前一定讲好普通话》，http://news. sina. com. cn/c/edu/2006 – 03 – 17/11008464735s. shtml。

西还有更多的人因为不会普通话而不敢走出大山。如忻城县古蓬镇 2018 年初与广东省信宜市联合举行招聘会，有不少就业岗位信息。但有些村民因为普通话说不好，放弃外出就业的机会。因为语言不通，有些村民都没有走出过忻城范围，对外面的世界有心理障碍。正如广西教育厅语工处处长、语委办主任黄凯所言，广西人的普通话，很多人都听不懂。在能说普通话的人群里，水平比较低的占比很大。特别是农村一些贫困地区，这部分人群比较多。而在广西扶贫办副巡视员杨国艺看来，如果普通话听得懂，获得的信息会更多，就业致富的机会也就多了。[①]

（二）适应工作岗位要求的基本能力

适应工作岗位要求的基本能力有多种，大致可以归纳为两个方面，一是基本的文化知识，二是基本的专业技术和技能。

基本的文化知识，就是城镇就业（第二、第三产业）所要求的基本文化知识一般要高于传统农业的文化知识。传统农业主要依靠自身实践经验以及代际传递下来的农业知识，文化知识不占主导地位，甚至文盲也能从事农事并能种好地。然而在城镇就业不同，在城镇就业一是首先要在城镇生活，二是在城镇第二、第三产业各行业就业。不管是日常生活还是在各行业就业，都要有基本的文化知识。文化知识与受教育年限直接相关，因而一般来说受教育年限越长，文化知识也越多。不同的行业、不同等级的城镇要求的文化知识也有所差别，有的行业还强调专业知识。但需要有高中、中专以上文化程度，最低限度也要初中以上文化程度。从这一点来看，尽管 20 世纪 90 年代末以来，广西的农村基础教育持续改善，九年义务教育基本普及，然而当前广西农民的文化水平离城镇生活与就业的需求还有较大差距。据 2006 年广西第二次农业普查数据，广西农村劳动力资源中，文盲占 3.8%；小学文化程度占 35.5%；初中文化程度占 51.7%。[②] 初中及

---

① 《农民想脱贫干部却屡遭"语言关"学好普通话很重要》，http://dy.163.com/v2/article/detail/DMKTJ54L0530ICRS.html。

② 广西统计信息网，广西第二次农业普查数据。由于 2016 年广西第三次农业普查数据中无受教育程度数据，只能采用 2006 年第二次农业普查的数据，尽管有些不合时宜，但相信这种局面在短时期内变化不大，而且这一比例的劳动力人口现在也仍然处于劳动力人口中。

以下文化程度合计占 91.0%。这样低的受教育程度显然难以满足城镇就业的需要，无法适应城镇工作岗位的要求。

基本的专业技术和技能，即进城农民要实现就业，需要有基本的专业技术与技能。农民从事农事，更多的是一种"体力型"就业，城镇就业虽然也有"体力型"岗位，如建筑、运输行业中的搬运工以及服务行业中的送货工等。但农民进入城镇后如果还把"体力型"劳动作为职业类型，并且集中在这一类职业，一则将竞争激烈，彼此难就业；二则将直接影响劳动收入。而农民如果具有专业技术与技能，由"体力型"劳力向"技能型"劳力转变，就能实现就业多元化，降低就业风险，也有利于增加收入。但现实是，要么是农民直接"洗脚上岸"，进入城镇谋职业，要么是新生代农民工从初中、高中毕业直接进城镇务工，"从学校到工厂"，没有任何的专业技术与技能，而且也没有经过培训。广西壮族自治区人力资源和社会保障厅课题组发布的 2014 年《广西农民工职业培训调查研究报告》数据显示，只有 9.9% 的农民工接受过农业技术培训，有 19.1% 接受过非农技术培训。① 而本书的调查也几乎以同样的数据证明了广西农民工技能培训的缺失。

缺乏技能的农民工，只能从事最简单的"普工"或者"体力型"工种，从而大大限制了其城镇就业。即使一时就业，也极不稳定，尤其在经济形势严峻或经济结构调整、产业结构升级的趋势下，缺乏专长和技能的劳动力容易最先受到冲击而淘汰。如 2008 年全球金融危机爆发后，首先倒下的就是那些技术含量低、产品结构单一的劳动密集型企业，而靠劳力或简单技术支撑的打工族随之成了被淘汰的对象。截至 2008 年 10 月，广东倒闭了 15661 家中小企业。"多米诺骨牌效应"最终让缺少技艺的广西河池农民工无"工"而返。而随后广东在金融风暴面前宣称"不挽救落后生产力"，要淘汰劳动力密集型产业，借危机来促进产业升级。② 如此一来，无专长和技能的农民工就业难问题将进一步加剧。这样的就业危机在新技

---

① 广西壮族自治区人力资源和社会保障厅课题组：《广西农民工职业培训调查研究报告》，《人事天地》2014 年第 7 期。

② 权晟：《河池 20 万农民工无工而返》，《河池日报》2009 年 2 月 12 日第 4 版。

术新产业趋势下将越来越容易显现。

（三）职业转变的适应能力

农民转移进入城镇后，不仅身份上由农民变成了农民工，职业上也发生了转化，不再是纯粹的农民职业，而是成为城镇第二、第三产业的工人、服务人员。农民的身份和职业忽而发生了变化，进入了一个相对陌生的环境和领域，农民需要一种较为长期的适应过程。这种适应，除了前述的能力上的以外，还有心理上、情感上的，即一般所谓的"城市融入能力"。有学者对文化适应与少数民族农民工城镇落户意愿的关系的研究表明，在卫生习惯、穿着打扮、教育理念、养老理念、价值观等方面与城市居民的差别越少，少数民族农民工越渴望获得城市户口；语言文化适应和社会交往适应程度越高，城镇落户意愿越强；心理文化适应越高，城镇落户动机越强，具体表现为城市归属感越强，心理压力越少，城镇心理感知距离越近，越希望户口迁移至城市。① 能不能适应、多长时间适应就决定了农民在城镇就业是否成功与最终转型。而这种适应能力又往往与现代化在农村、农民的深入程度有关。就此论之，越是现代化难以达至、影响的乡村，农民城镇职业转变的适应能力将越弱。

作为民族地区的广西广大农村，由于历史和地理的原因，以及近现代甚至部分地区在 20 世纪七八十年代仍有持续战火的影响，开放开发较晚，不过二三十年时间，而现代化是以逐级推进的方式展开的，最先是以城市为起点，然后辐射到城市周边地区，最后行进到偏远山村。按照正常逻辑，这样一种行进路径是梯度而下的，轨迹是顺势滑行的，也是处在同一个结构中的。然而，由于我国长期实行的城乡二元分割体制，使得城乡现代化发展也呈现二元差别，特别是广西山区的农民，由于只能维持小规模经营，农民从农业中获得的收入微薄，甚至缺少购买农业生产资料的费用。在这种情况下，农村和农民日益被甩出农业化和现代化之外，难以与城镇现代化融为一体，用社会学家孙立平的话说，城乡之间的社会发生了

---

① 聂伟、万莺莺：《文化适应对少数民族农民工城镇落户意愿的影响——基于全国流动人口动态监测数据的分析》，《湖南农业大学学报》（社会科学版）2018 年第 1 期。

"断裂"①，呈现出一种"现代化鸿沟"。广西农民尽管也向往现代化，但在"现代化鸿沟"的阻隔下，偏远山区的农民无论是在思想意识、文明程度，还是在文化知识、实际技能等方面，都与城镇现代化的要求相距甚远。身处"现代化鸿沟"一端的农民要跨过鸿沟到另一端就业，其适应难度是可想而知的。例如，在本研究的问卷调查有关为什么进城务工后又返乡务农的问题中，就有51人明确表示是由于"无法适应城市生活"。而对于一些尚未去过城镇生活，又被问到"假如在城镇生活，最担心的问题"上，回答"无法适应"的就有339人，占了22.3%。

第三节　广西农民的城镇化就业诉求

尽管有着农民城镇化就业的主客观因素的制约，然而广西农民还是多数有城镇化就业的意愿，而且就近就地城镇化就业的意愿较强。基于此，需要进一步了解这部分农民的就业诉求。农民的就业诉求除了就业区域外，可从就业扶持、创业帮扶两大方面进行说明。而就业诉求的前提在于对自我的充分认知。

一　农民城镇化就业的自我认知

农民城镇化就业的自我认知是农民对自己在城镇化就业方面的洞察和理解，包括自我观察和自我评价②，内容有对自身的能力、专长及其与城镇就业要求的适应度等方面。调查表明，广西农民对自身的认知程度高。对于"您觉得以您现在的条件，能在城镇居住并安定下来吗?"的问题上，绝大多数能做出肯定或否定性回答。持肯定性回答的有454人，占有效比的29.8%。认为"能"的农民，其自信的原因有多种：排在第一的是"自己有一技之长"，占有效比的12.5%；其次是认为"城镇就业机会多"，有93人，占有效比的6.1%；排第三位的原因是"有亲朋好友的帮助"，有

---

① 孙立平：《断裂：20世纪90年代以来的中国社会》，社会科学文献出版社，2003，第1~5页。
② 张静波：《略论网络环境下大学生自我教育能力的培养》，《思想理论教育导刊》2017年第12期。

86 人，占有效比的 5.6%；其余的包括"自己学历高""有政府的帮助"以及其他的理由，如"吃苦耐劳""头脑灵活""有资金"等不一而足。但也要看到，大多数农民还是较为悲观认为自己是"不能"的，人数为851 人，占比 55.9%。而"不能"的理由，排第一的是"没有一技之长"，为 407 人；排第二的是"没有人帮助"，为 244 人；排第三的是"城镇就业机会少"，为 214 人；其他原因还有"不适应""城镇居住开支过大""没钱（没信心）买房""收入少""资金不足"等。同时，还有 213 人、占有效比 14.0% 的农民表示自己"不知道"能否在城镇居住并安定下来，反映了信心不足（见表 5 - 3、5 - 4）。

表 5 - 3　"您觉得以您现在的条件，能在城镇居住并安定下来吗?"

自我认知	人数（人）	比例（%）
能	454	29.8
不能	851	55.9
不知道	213	14.0
不回答	5	0.3
总数	1523	100.0

表 5 - 4　"能"或者"不能"的原因及比例

自我认知	原因	人数（人）	比例（%）
能	自己有一技之长	190	12.5
	城镇就业机会多	93	6.1
	有亲朋好友的帮助	86	5.6
	自己学历高	18	1.2
	有政府的帮助	15	1.0
	其他	21	1.4
	不回答	31	2.0
不能（可多选）	没有一技之长	407	26.7
	没有人帮助	244	16.0
	城镇就业机会少	214	14.1
	丧失工作能力	0	0
	其他	79	5.2

二 城镇化就业创业需求

这里的城镇化就业需求，主要就是针对上述既有城镇化就业意愿，又自我认知为"不能在城镇居住并安定下来"的这部分"潜在进城就业者"的农民的需求。这些农民的需求也呈现出多样性特征，归纳起来，可以从就业与创业需求两个方面进行说明。

（一）就业需求

对于绝大多数农民而言，进入城镇都是以就业为起点，因而对此需要予以首先关注。从调查来看，农民对于就业的需求体现在以下几个方面。

1. 有帮扶者

由于意识到自身的能力、条件和资源的限制，广西农民在对"城镇就业机会少"的认知面前，更强调一种外界的帮扶。这种"外界"在他们看来，有亲戚、朋友、政府、企业等。而农民对来自这些方面的帮扶期望不同。在有关"如果到城镇就业，您最希望获得谁的帮助？（单选）"的问题上，从高到低的排列顺序为：政府，亲戚，老乡、朋友，企业。选择人数分别为：842 人（有效比为 55.3%）、324 人（有效比为 21.3%）、253 人（有效比为 16.6%）、70 人（有效比为 4.6%），表明农民对政府的信任度最强（见表 5-5）。

表 5-5 "如果到城镇就业，您最希望获得谁的帮助？"

提供帮助者	人数（人）	比例（%）
亲戚	324	21.3
老乡、朋友	253	16.6
政府	842	55.3
企业	70	4.6
其他	30	2.0
不知道	4	0.3
总数	1523	100.0

2. 政府主体的就业帮扶

针对农民对政府帮扶的要求，本调查进一步了解"您希望获得政府哪些方面的帮助?"这一问题。对这一问题,农民的需求从高到低排列依次如下。

(1) 提供就业岗位。提供就业岗位是广西农民对政府的第一需求。共有 511 人、占比 33.6% 的农民持有这一要求。这也体现出了"就业优先"以及农民要求直接简单的特点。

(2) 免费提供就业技能培训。如前所调查统计,广西农民中多数对自我有良好认知,深知在城镇就业中自身的劣势与不足,如果没有一技之长将难以就业,然而现实是,农民最近几年来接受过相关培训的人数比例过少。调查中,有效比 90.0% 的农民在最近三年中没有参加过非农就业培训。而 9.8% 的参加过非农就业培训的农民中,参加的又主要是企业组织的培训,占到 4.2%,而政府组织的只有 2.1%,学校组织的有 1.2%,其他还有村两委会组织的占 1.1%、社会组织组织的有 0.8%(见表 5 - 6、5 - 7)。

表 5 - 6   "近三年来,您是否参加过非农就业培训?"

选项	人数(人)	比例(%)
是	149	9.8
否	1371	90.0
不回答	3	0.2
总数	1523	100.0

表 5 - 7   就业技能培训组织者构成情况

培训组织者	参加人数(人)	比例(%)
企业	64	4.2
学校	18	1.2
政府	32	2.1
社会组织	12	0.8
村两委会	17	1.1
志愿者	3	0.2
本人	1	0.1

在是否收费上，尽管绝大多数农民没有交费，然而调查也显示，有4人回答"有交费"情形，交费金额从几百到几千不等。而对于参加过培训的农民来说，对培训的认可度也较高，在回答"您认为培训对于城镇务工是否有实际作用？"的问题上，有102人认为"有用"，只有2人回答"无用"。因而在对政府的第二个需求上，广西农民提出的是"就业技能培训"并且是"免费提供"。持这一要求的人数有398人，占比26.1%。街头访谈中，有进城农民工对政府的就业帮扶持如下要求：

> 李女士来自广西南宁市郊区，进入南宁城区工作已有两三年，从事的是体力活工作。对于为何来南宁而不是就近在县城或乡镇，或到别的城市务工？是因为"年龄大了，家里种田收入少，南宁近点，能方便照顾家里"。对于就业需要政府帮助或解决农村人进城务工就业有什么建议的问题，李女士希望"能提供点临时工的工作信息，参加一些技术培训，类似保姆、家政，不想每天在街上等，有时候一天也没有工作，浪费时间"①。

（3）提供最低生活保障。从本研究的调查来看，进城农民几乎全部没有参加过养老保险、工伤保险、医疗保险、失业保险、（育龄女性的）生育保险、住房公积金即"五险一金"，在社会保障方面享受不到有关帮助。更重要的是，进入城镇后，原农民的身份实际上已转化为城镇工人，但由于就业不稳定、收入低及房租支出较大等，导致一些家庭人均月收入虽低于城镇居民低保标准，但又由于没能持有城镇常住户籍而享受不到城镇居民的最低生活保障，致使进城务工农民住房条件得不到改善，长期只能居住在城乡接合部的简陋住房里，还有一些子女因没钱而辍学。在此背景下，进城农民希望能改变这一状况，不以户籍为前提标准享受到所在城镇居民的最低生活保障，便是应有之义，也是合情合理建议。这也是农民要求废除城乡制度性歧视的一种表达。本研究的调查中，持这一要求的广西

---

① 访问编号：20170525LX001。

农民有 376 人，占比 24.7%。

（二） 创业需求

近年来，党中央和国务院提出的"大众创业、万众创新"这"双创"号召也在广西农民中产生了较大影响，尤其是其中的"创业"号召，业已在农民中涌现出了一些成功的个案，在农民中引起较大反响，部分具有"闯""干"意识的农民自然容易以此为榜样，试图在此方面进行尝试。从而，广西农民除了有直接的就业需求外，还具有较强烈的创业需求。如本调查的农民中，过去三年就有 244 人有过自主创业经历，占比 16.0%（见表 5 - 8）。

表 5 - 8　"近三年您是否有过自主创业？"

创业经历	人数（人）	比例（%）
是	244	16.0
否	1273	83.6
不回答	6	0.4
总数	1523	100.0

然而，在广西农民创业的过程中，首要的支持度还是来自家庭。调查显示，在关于"在自主创业的过程中，您得到过来自哪些方面的帮助？"的问题中，获得政府资金支持的为 53 人，信息支持的为 35 人，政策支持的为 65 人；获得企业资金支持的为 12 人，技术支持的为 15 人，信息支持的为 7 人；获得家人资金支持的为 175 人，技术支持的为 65 人；获得他人资金支持的为 52 人，技术支持的为 35 人，信息支持的为 32 人。总支持度上，来自家人的支持占据第一，为 240 人；其次是政府，为 153 人；他人的支持列第三，为 119 人；企业的支持为 34 人，位列第四（见图 5 - 1）。

这表明，在农民的创业需求上，资金方面主要还是依靠家人支持，政府在政策支持上更占优势。而在资金、信息支持方面，政府的支持与他人的支持基本相等，政府的支持作用并不明显。

在未来三年中，广西农民进城创业的热情仍然较高。调查样本中有近 1/3 的农民有创业需求（如表 5 - 9 所示）。

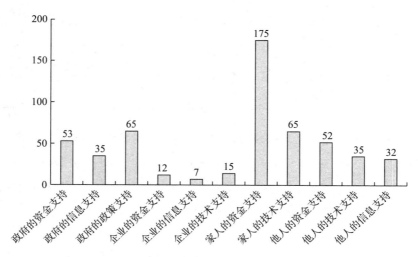

图 5 - 1　"在自主创业的过程中，您得到过来自哪些方面的帮助？"

表 5 - 9　"今后三年内您是否准备自主创业？"

创业意愿	人数（人）	比例（%）
是	419	27.5
否	667	43.8
还未考虑	437	28.7
总数	1523	100.0

在未来有创业需求的农民中，其需要的支持具体如表 5 - 10。

表 5 - 10　"您如果准备自主创业，希望得到来自哪些方面的帮助？"

帮助来源	帮助内容	需求人数（人）	人数比例（%）	总比例（%）
政府	资金支持	303	19.9	46.5
	信息支持	168	11.0	
	政策支持	237	15.6	
企业	资金支持	70	4.6	14.9
	技术支持	98	6.4	
	信息支持	59	3.9	
家人	资金支持	151	9.9	13.6
	技术支持	57	3.7	

帮助来源	帮助内容	需求人数（人）	人数比例（%）	总比例（%）
他人	资金支持	71	4.7	12.0
	技术支持	66	4.3	
	信息支持	45	3.0	

可见，在广西农民未来的创业需求中，希冀来自政府支持的比例最高，其次是企业、家人、他人。而对政府、家人、他人的帮助内容中，首要的是资金支持，其次才是政策、技术、信息等方面。对企业的帮助内容则主要是技术支持，其次才是资金、信息支持。

小　结

本章的任务，是从资料分析与实证调查的角度探讨广西人口城镇化就业的制约因素，通过这些因素的研究分析，为政府制定有关政策提供进一步的参考资料。制约因素可从客观因素与主观因素两个方面进行说明。

客观因素上，体现为六个方面。一是广西的区域产业结构不合理。首先，广西是一个农业省份，表现为农业比重较大，农业人口比重较大，农村居民收入水平较低等方面。其次，广西的工业不发达，发展不强。具体表现为广西工业企业数量不多、工业生产总值较低。最后，广西第三产业发展缓慢。表现为第三产业就业比重小、产值比重弱、人均服务产品占有量少、服务密度低。广西的区域产业结构总体特点可以概括为第一产业大而不强、第二产业快而不大、第三产业小而不快，这严重制约了人口城镇化就业。二是农村劳动力转移就业存在制度性障碍。具体包括：在就业的行业、工种上的限制；就业创业培训上对外来农民工的限制。三是农民进城就业收入较低。四是城镇就业机会不多。五是城镇治安欠佳。六是受城镇居民的歧视。

主观因素上，则体现在两个方面：一是劳动力的文化素质不高，大多数为初中及以下文化程度；二是农村转移人口的城镇就业能力不强，获取就业机会的能力、适应工作岗位要求的基本能力、职业转变的适应能力等较弱。

在此基础上，本章的研究还进一步发现，尽管广西农民城镇化就业受到主客观因素的制约，但在城镇化就业诉求方面，广西农民的城镇化就业意愿仍较为强烈，而且多数有着就近就地城镇化就业的意愿。这一现状既凸显了民族地区政府出台实施人口城镇化就业的促进政策的必要性、紧迫感，同时也决定了政府出台的政策必须既要能够改进、消除客观制约因素，又要大力克服主观制约因素，才能真正促进人口城镇化就业。

| 第六章 |

促进民族地区人口城镇化就业的政策建议

本书以广西为例，阐述了民族地区人口城镇化进程中的现状、制约因素及提出的进入城镇就业创业的需求，尤其是对政府的支持要求成为"重中之重"。从而，农民进城就业与政府的服务职能、维护社会稳定职能以及发展经济职能等形成了互动，通过这样的互动，就业将经由政府得到权威性分配。依据戴维·伊斯顿的理论，这就形成了一个政治系统。① 而农民对于城镇化就业的需求，则可以看作一种影响系统事件的"输入"，政府对这些需求经过集中、加工处理后转换成产品，形成决策，就是政治系统的"输出"。"输出"的直接结果，就体现为促进农民城镇化就业的公共政策。为便于研究，本书将就业政策细分为就业与创业政策，本章从政策"输出"的角度对此展开研究。

第一节　促进民族地区人口城镇化就业
政策需坚持的原则

从政府的职能上讲，促进民族地区人口城镇化就业是其应有职能之一。然而由于我国的政府层级较多，从中央到地方共有五级政府。政府的层级不同，权力不同，在促进民族地区人口城镇化就业中发挥的作用也有所不同。2007 年 8 月 30 日第十届全国人民代表大会常务委员会第二十九

---

① 〔美〕戴维·伊斯顿：《政治生活的系统分析》，人民出版社，2012，第 20 页。

次会议通过的《中华人民共和国就业促进法》[①]第五条、第六条规定的政府职责为："县级以上人民政府通过发展经济和调整产业结构、规范人力资源市场、完善就业服务、加强职业教育和培训、提供就业援助等措施，创造就业条件，扩大就业；国务院建立全国促进就业工作协调机制，研究就业工作中的重大问题，协调推动全国的促进就业工作。国务院劳动行政部门具体负责全国的促进就业工作。省、自治区、直辖市人民政府根据促进就业工作的需要，建立促进就业工作协调机制，协调解决本行政区域就业工作中的重大问题。县级以上人民政府有关部门按照各自的职责分工，共同做好促进就业工作。"[②]可见，五级政府都有做好促进就业的职责，但中央政府更侧重于全国性、宏观性层面的就业政策，如 2014 年印发《国务院关于进一步做好为农民工服务工作的意见》（国发〔2014〕40 号），2015 年印发《国务院关于进一步做好新形势下就业创业工作的意见》（国发〔2015〕23 号）、《国务院办公厅关于支持农民工等人员返乡创业的意见》（国办发〔2015〕47 号）[③]，以及 2018 年 12 月 5 日国务院印发《关于做好当前和今后一个时期促进就业工作的若干意见》，以及作为配套措施的，由人力资源和社会保障部会同国家发展改革委、财政部制定印发的《关于推进全方位公共就业服务的指导意见》，并印发《关于开展 2019 年全国公共就业服务专项活动的通知》等，而地方政府主要负责地方性就业政策的制定。

　　然而，民族地区农民进城镇就业由于容易受到语言、文化、习俗等方面的影响，具有就近就地或渴望就近就地就业的特点，全国性政策难以满足地方实际需要。因而必须在中央政策的宏观指导下，结合地方实际制定地方政策。本研究所言的民族地区促进人口城镇化就业的"公共政策"，主要是以民族省区政府为主体进行的政策输出，以及在民族省区政府的政策指导下，地市（自治州）、县（自治县）政府为贯彻落实省区政府政策制定的实施办法、实施细则等。这三级政府在进行民族地区人口城镇化就

---

① 《中华人民共和国就业促进法》，《中国劳动》2007 年 9 月 6 日。
② 《中华人民共和国就业促进法》，《中国劳动》2007 年 9 月 6 日。
③ 邱小平：《积极促进农村贫困人口转移就业》，《行政管理改革》2016 年第 7 期。

业的公共政策输出时，考虑到农民进城镇就业的特点及其需求，应坚持以下四个原则。

一 注重服务的原则

民族地区农民进入城镇就业，既是国家城镇化发展的战略需要，也是民族地区经济社会发展、城乡居民生活品质提升的需要。农民进入城镇就业，无疑会带来城镇人口的增长和其他问题的产生，但政府不能因此对进城镇农民进行管制。无论是从世界浪潮的服务型政府构建提出的"服务，而不是掌舵"① 要求，还是从进城农民自身的需求来说，都需要政府为农民进城镇后相关的就业、生活、居住、子女入学、医疗等提供良好服务。从而，政府应将政策重心主要放到农民城镇化就业的服务供给上。

二 讲求实际效用的原则

讲求实际，即民族地方政府在制定有关公共政策时，必须要从地方实际出发，从农民的总体需求出发，政策的输出要以需求侧的输入为基础，将总体需求经过加工、提炼而来。这就需要改变过去的那种单向的、自上而下的政策输出为双向的、自下而上的政策输出，即进行政策供给侧改革。而效用的原则与实际原则相关联，即是讲求政策的制定能够发挥实际效果而不是限于空转，为此，在制定民族地区人口城镇化就业的促进政策时，可重点考虑：一是充分利用民族地区丰富的自然、历史、人文、地理资源，打造各种特色城镇，作为解决人口城镇化就业问题的基础；二是民族地区人口城镇化就业既要大力解决，又要有序推进。即在推进民族地区人口城镇化就业的过程中，优先鼓励有文化、有技能、在劳动年龄的农民举家进入城镇。本处所言"举家"而不是单独进城镇，是因为过往单独进城镇的结果，从城镇方面来看，虽然赢得了农村优质劳力而又没有教育、养老、医疗等"负担"，但由此使得农民虽身已进城镇，但心挂两头，在城镇的流动性大，同时在农村也产生大量的问题，如夫妻两地分居问题、

① 〔美〕珍妮特·V. 登哈特（Janet V. Denhardt）、罗伯特·B. 登哈特（Robert B. Denhardt）：《新公共服务：服务，而不是掌舵》，丁煌译，中国人民大学出版社，2010。

留守儿童和留守老人问题等。而举家进城则意味着"留守儿童""留守老人"的境遇将得到根本性改变，意味着城镇化过程中亿万劳动者个体的生存与发展质量将获得进一步重视与提升①，从而使进城镇人口安心就业。

三　优化就业环境的原则

就业环境无论是对于已经进入城镇就业的农民还是将要进城镇就业的农民来说，都是他们非常看重的。就业环境不好，甚至会影响到就业市场。有学者专门对就业环境对少数民族外出务工的影响进行了调查研究，发现城镇就业环境是影响维吾尔族农民工长期务工意愿的一个因素，即城镇就业环境越好，维吾尔族农民工城镇长期务工意愿就越强烈。②而根据前述广西农民城镇化就业的阻滞因素也可发现，广西部分农民对进入城镇就业的担忧，实际上归结为一点，即是对城镇就业环境的担忧。因而，促进民族地区人口城镇化就业公共政策的制定，应把优化就业环境作为重要原则。优化城镇就业环境，就农民的主要需求来说，包括就业的人文环境、制度环境（无歧视）、治安环境、法治环境（能有效维护权益）等方面。通过这些环境的优化，农民进入城镇就业后就能够产生平等、安全之感，更好地融入城镇。

四　与农村各项改革相结合的原则

农民进城就业是一个系统工程。当前民族地区农民进城镇就业"候鸟型"特征明显，同时部分农民出于对进城镇就业存在担忧而不愿意进城，除了因家中有"留守儿童""留守妇女""留守老人"外，还与农村的各项制度性规约有关。首先是户籍制度。随着中央政府层面自 2014 年以来陆续出台了《关于进一步推进户籍制度改革的意见》《居住证暂行条例》《关于深入推进新型城镇化建设的若干意见》《推动 1 亿非户籍人口在城市落户方案》等政策，全国城乡统一的户口登记制度全面建立，各地取消了

---

① 郭艳：《让更多农民工子女走进"春天里"》，《山西日报》2016 年 2 月 25 日第 C1 版。

② 李光明、孙明霞：《户籍制度、就业风险、就业环境对维吾尔族农民外出务工的影响》，《江苏农业科学》2014 年第 5 期。

农业户口与非农业户口性质区分和由此衍生的蓝印户口等户口类型，统一登记为居民户口，不再以农业户口与非农业户口为依据区分农村人与城里人。[①] 民族地区也加快推进户籍制度改革，包括广西落户条件最高的南宁市也进一步放宽了本市城区户籍准入条件。然而不得不说的是，尽管户口本上不再区分农业户口与非农业户口，但按居住地的划分导致的城乡待遇差别仍然客观存在，表明户籍制度改革还有深入的空间。其次是农村土地制度，主要涉及"三块地"[②]制度。农村土地制度有其特殊性。如农用地制度是集体所有、家庭承包，而且中央对这一政策的规定目前是"永久不变"的。宅基地制度则是无偿使用、"一户一宅"、可村内买卖。集体经营性建设用地近年才允许入市探索。在农村贫富差距显现，还存在几千万绝对贫困人口以及城镇化就业不稳定的状况下，土地权利尤其是农用地和宅基地成了农民的"最后的保障"。[③] 然而，对于有意愿进入城镇就业的农民来说，如何将作为"最后的保障"的土地权利转化为进城镇后的"第一个保障"，是深化农村土地制度改革的重点。民族地区农民城镇化就业应与农村的这两大制度改革相结合，相互促进，整体推进。

第二节　建立完善民族地区人口城镇化就业的公共政策

前述四个原则是政府制定民族地区人口城镇化就业的公共政策的基础。同时，依据农民进城镇就业的需求"输入"，对于经过转换的政府政策的输出而言，本研究建议，在"乡土中国"转向"城镇中国"[④] 的时代

---

① 张瑞静：《新型城镇化过程中农民市民化研究》，《合作经济与科技》2017 年第 20 期。
② 所谓"三块地"，是指存在于农村地区的"农用地"、"农村集体经营性建设用地"和"宅基地"三种土地类型，简称"三块地"。
③ 贺雪峰：《切断农民后路的"城镇化"是个断子绝孙的馊主意》，http://www.szhgh.com/Article/opinion/xuezhe/2017 - 06 - 08/139302.html。
④ 认为中国已由"乡土中国"转向"城镇中国"的特征的说法有周其仁、刘守英等。分别参见周其仁《城乡中国》（上、下），中信出版社，2014；周其仁《从乡土中国到城乡中国》，经济观察网，2014 年 9 月 2 日；刘守英、王一鸽《从乡土中国到城乡中国——中国转型的乡村变迁视角》，《管理世界》2018 年第 10 期。

背景下，在城乡二元结构特征日益走向城乡一体、城乡融合的制度框架下，促进民族地区人口城镇化就业的公共政策在于：壮大中小企业与私营经济在市县的发展；降低民族地区劳动力转移就业的成本和就业风险；健全劳动力就业市场机制和就业信息服务；加强农村基础教育、职业技术技能教育和成人教育；加强农民城镇就业技能的培训；加大对农民培训的教育经费投入；构建农民城镇就业的网络化支持；营造农民城镇化就业的良好氛围；等等。

一　壮大市县中小企业与私营经济发展

由于民族地区中小企业数量相较于发达地区偏少，农民城镇化就业困难，只能留守农村或跨省区尤其是到语言、文化、风俗相近的省区就业，农村各种问题也多由此而起。从而，民族地区壮大市县中小企业与私营经济发展就尤为重要。

壮大民族地区市县中小企业与私营经济发展，内在包含着以下几个方面内涵。

一是推进市县发展，即一般地级市与县①的中小企业发展。之所以如此，是因为民族地区的发展整体上讲是首府（省会）的作用最为突出。由于聚集效应及区位效应的影响，也集中了最多的中小企业，而一般的地级市（自治州）和县（自治县）则基本无法与之匹敌。但在我国省、自治区面积广大的背景下，农民也不可能都集中进入首府（省会）就业。无论是从城市均衡发展还是从农民就近就地城镇化就业的需求角度而言，一般的地级市（自治州）和县（自治县）的中小企业发展都是异常重要的。之所以强调到县而不是到乡镇发展中小企业，是考虑到在民族地区，除了极少数乡镇外，大多数乡镇都极为弱小，人口数量小，以农业为主，交通不便，缺少发展中小企业的基础性条件，从讲求实际的原则出发，由县以上发展中小企业更为合理。相对而言，私营经济的发展有着雇工较为灵活的特点，因而这些中小企业又是以私营经济为主。

----

① 此处的一般地级市和县，在民族地区还包含自治州、自治县。

二是壮大的中小企业，主要是指一般的地级市（自治州）和县（自治县）的工业企业。虽然一般的理论认为，第三产业即服务业更能吸纳劳动力就业，尤其是强于资金推动型的重工业，从而认为服务业不发达是就业市场不佳的一个重要因素。但结合经济学界对中国尚处于工业化中期阶段的判断，如李京文、吉昱华认为，在目前的中国，第三产业还无法成为推动城镇化的主力角色，工业化在未来一段时间内还将是中国城镇化的主要推动力量。[①] 李京文、吉昱华进一步认为，工业化对中国城镇化带动的根本性作用体现在：持续推进的工业化进程将对农村剩余劳动力产生直接的需求；工业化会产生对服务业的衍生需求从而增加社会对劳动力的需求；转移劳动力收入提高后会对第二产业和第三产业产生更多的需求，从而进一步扩大社会对劳动力的需求。[②] 民族地区由于工业基础薄弱，对第三产业的制约更为明显。因此从就业的相关性考虑，民族地区须着力壮大中小工业企业。

三是壮大的企业和私营经济，主要是中小型。着力在民族地区发展壮大中小型而不是大型工业企业，理由是：民族地区由于受地理、交通、人口素质、边境环境等方面的影响，一般地级市（自治州）和县（自治县）要发展大型工业企业较为困难。同时，从促进农民城镇化就业的角度讲，大型工业企业对员工文化、技能等方面要求更高，与民族地区现有的农民素质不相匹配。而中小企业的设立相对灵活，用工也较为多样化，较易满足农民不同层次的就业需求以及就业的灵活性特点。

在深刻把握壮大民族地区市县中小企业与私营经济发展的内涵的基础上，政府要壮大民族地区市县中小企业与私营经济发展，关键在于引导中小企业向一般地级市和县设立。为此，需制定下列相关政策。

第一是金融支持政策。为使民族地区中小企业和私营经济向一般地级市和县发展，在金融政策上要有倾斜，可对由一般地级市（自治州）和县（自治县）到乡镇由上到下逐级设立的中小企业贷款利率逐级降低。同时，对于雇用民族地区进城农民就业人数越多、雇工就业持续时间越长的中小

---

① 转引自楼培敏《农民就业：拷问中国城市化》，中国经济出版社，2011，第82页。
② 李京文、吉昱华：《中国城市化水平之国际比较》，《城市发展研究》2004年第3期。

企业和私营经济，也相应给予越低的贷款利率。给予充分的信贷资金的支持，政府要制定政策鼓励金融机构向中小企业贷款，并且对实行对基层给予高额度信贷资金的原则予以支持。

第二是财政支持政策。在财政政策上，政府可对那些愿意到一般地级市（自治州）和县（自治县）设立工业的中小企业和私营经济给予专项财政支持。具体可设立中小企业发展专项资金，破解中小企业和私营经济在成长壮大过程中的融资难题。同时，针对中小企业和私营经济在用地、厂房及水、电、气等方面成本过大的问题，精准出台一批降费举措，切实减轻中小企业和私营经济负担。

第三是税收支持政策。要从民族地区发展的实际出发，以自治权限加强实施国家减税政策，对于吸收就业效果好、创新能力强的中小企业，可实行免税或退税的政策，使其利润增加，更好地做大做强，更能吸收就业。

总的说来，就是要通过实施金融、财政、税收等系列政策，引导中小企业和私营经济的投资行为和发展方向，最大限度地满足民族地区农民就近城镇化就业的需求。能够就近城镇化就业，将使更多的持观望态度的农民增强城镇化就业的意愿、信心和决心。

二　降低劳动力转移就业的成本和就业风险

劳动力转移就业的成本，包括直接成本Ⅰ（流迁费用）、直接成本Ⅱ（生存费用）以及机会成本。[①] 对于民族地区农民来说，从事农业的收入原本就很低，转移进入城镇就业的所得一般都会高于务农收入，机会成本低。因而此处说的民族地区农民转移就业成本主要是直接成本Ⅰ（流迁费用）和直接成本Ⅱ（生存费用）。其中，流迁费用主要受农民工自身的文化素质、家庭成员状况、原有的生活水平和消费习惯、农民工自身的社会交往阅历和经验、城乡之间的空间距离及交通条件等因素的影响。生存费

---

① 李上田：《基于成本—收益模型的农村劳动力转移就业成本分析》，《会计之友》2007 年第 6 期。

用则主要受城乡发展差距大小等因素的影响。① 由于民族地区农民自身文化素质不高，家庭成员普遍较多，原有的生活水平不高，消费习惯农业化，农民工自身的社会交往阅历和经验不多，就近就地城镇化就业偏少导致的城乡之间的空间距离大、交通条件不够便利，以及城乡发展差距较大等现状，民族地区农民劳动力转移就业的总成本较高，这也成了阻滞农民进城镇就业的重要因素之一。

就业风险，则是由于农民进入城镇后所从事的建筑、制造、服务等行业面临的诸如拖欠工资、未签订合法的劳动合同、用工单位不购买社会保险、务工安全以及职业病等，农民工自身的权益得不到有效保护。在新型城镇化过程中，农民工的就业风险仍然存在，具体表现为失业风险、职业伤害风险、贫困风险、心理健康风险等。② 民族地区的农民，在城镇就业中更容易受到此类风险的威胁，如不能得到有效化解，对民族地区农民进城镇就业也是一个阻碍因素。

要降低民族地区农民劳动力转移就业的总成本和就业风险，提高农民进城镇就业的积极性，政府应采取积极措施，制定以下政策。

第一，出台鼓励农民举家进城镇安居、就业的政策。鼓励农民举家进城镇就业，减少农民季节性、节假日性的在"农村—城镇"之间往返而产生的交通、食宿、通信等费用，以及因往返误工而减少的收入。这是降低民族地区农民转移就业成本的主要措施。具体的，可出台如下举措。一是在落户政策上，应扩大举家在城镇落户的办法，对愿意在一般地级市（自治州）和县（自治县）落户的，不做职业、收入等限制性规定，只要有固定住所（含租赁），无论面积大小，均可举家落户。二是在落户的家庭成员上，均实行与所在城镇居民无差别化政策，包括就业、入学、社保、医疗等方面，使农民进城务工后享受到正常城镇居民待遇。这也是降低民族地区农民劳动力转移就业成本的重要方面。三是大量兴建农民工公寓，解

---

① 李上田：《基于成本—收益模型的农村劳动力转移就业成本分析》，《会计之友》2007年第6期。

② 邓大松、李玉娇、严妮：《新型城镇化进程中农民工就业风险及其规避》，《湘潭大学学报》（哲学社会科学版）2015年第5期。

决农民举家进城安居的问题。农民举家进城镇就业，相对于个体农民进城来说，居住的问题更加突出，因为他们不可能举家住工棚或者靠住工棚长期在城镇生活。为此政府需出资兴建大量农民工公寓，作为廉租房向农民工出租。四是为了鼓励农民举家进城镇就业，应进一步改革完善其他相关的农村管理制度和政策，如土地产权制度、宅基地制度等，尽可能使农民权益不受损、进城有保障。

第二，实施农民进城就业的最低生活保障政策。举家进城镇就业的民族地区农民，其所面临的就业风险较之个体进城就业的风险更大、后果更严重，更需加以重视、解决。民族地区政府除了加以完善 1999 年以来逐步建立的农民工失业保险、农民工养老保险、农民工工伤保险和农民工医疗保险外，重点是应建立起一直把农民工群体排除在外的、作为社会保障体系重要组成部分的"最低生活保障制度"。否则，如果政府继续漠视外来农民工贫困问题，有可能会导致城市贫民区的衍生，将对城市社会、政治、经济各个方面产生消极影响。[①] 此外，要完善进城农民工失业保险、养老保险、工伤保险和医疗保险，同时加快建立最低生活保障制度，是抵御民族地区农民进城镇尤其是举家进城镇就业风险的总体性制度。

当下要着重建立农民进城就业的最低生活保障制度，在具体政策上应从几个方面着力。一是解决实施主体的问题。农民工在城市就业，不仅给城镇带来了人力资源，而且对城市的经济发展做出了很大贡献。共青团广东省委的调查显示，青年外来工对广东省 GDP 增长贡献率高达 25% 以上。[②] 现任中共中央政治局常委、全国政协主席，广东省委原书记汪洋谈到广东的发展时也说过："广东能有今天的发展成就，跟广大外来务工人员的努力奋斗是分不开的。如果没有外来工，生活在城市里的人就可能喝不上水、吃不上菜，甚至垃圾围城，更谈不上会有广东的工业化、现代化。外来工是广东现代化进程中一支非常重要的建设力量，也是今后全面

---

① 林晓洁：《建立外来农民工最低生活保障制度的可行性分析》，《人口与经济》2006 年第 1 期。

② 林晓洁：《建立外来农民工最低生活保障制度的可行性分析》，《人口与经济》2006 年第 1 期。

实现小康社会必须依赖的主力军。"① 因此,如果要求其流出地政府对他们给予救济,是不公平的②,因此,应按照"谁受益、谁负责"的原则,把流入地作为救济问题的实施主体,才彰显合理。二是解决低保资金的供给问题。应从政策上实行民族地区农民进城镇就业的低保资金多渠道、多层次、多元化供给。除了政府固定财政支出外,可以考虑以发行彩票,以及接受社会捐助等形式解决这一问题。

三 健全完善劳动力市场机制

此处所讲的劳动力市场机制,主要是指劳动力市场由工资、供求、竞争、工作条件等因素引导劳动力流动,实现劳动力资源配置的作用、形式及其过程而内在包含的工资机制(含工作条件、福利待遇等)、就业市场的信息机制。这"三大机制"在现实中的问题也成为民族地区农民可能进城镇就业的阻滞因素,因而必须进一步健全完善。

第一是工资机制。工资是农民城镇化就业的核心利益,也是农民在城镇生存的基本保障。当前农民城镇化就业中的工资机制存在的主要问题:一是工作条件差,包括居住条件、安全生产条件、伙食条件等不尽如人意;二是工资难保障,拖欠工资现象仍不时见诸报端,农民工讨薪每到岁末年初都成为公众关注的话题,以至于国务院办公厅 2016 年 1 月 17 日专门颁发了《国务院办公厅关于全面治理拖欠农民工工资问题的意见》(国办发〔2016〕1 号)。然而拖欠农民工工资的现象依然屡禁不止。人社部数据显示,2016 年全年共查处工资类违法案件 32.3 万件,追发工资待遇 350.6 亿元。③ 工资机制的问题,表面上看是经济问题,但在民族地区,少数民族农民进城镇就业,其合理权益如得不到有效保障,不仅使农民对进城镇就业缺乏好感和安全感,而且在欠薪问题上特别容易引发民族问题,

---

① 胡健、岳宗:《尊重外来工 感谢外来工 厚爱外来工》,《南方日报》2010 年 8 月 8 日第 A1 版。
② 林晓洁:《建立外来农民工最低生活保障制度的可行性分析》,《人口与经济》2006 年第 1 期。
③ 转引自《从源头上整治拖欠农民工工资问题》,http://news.cctv.com/2018/01/20/AR-TIQSw9bPYa2d9V3c6LNehj180120.shtml。

破坏民族团结和谐，进而成为政治问题，因而需要格外重视。

　　健全完善民族地区的农民城镇化就业的工资机制，在政策上要有四个着力点。一是改善进城务工者相对集中居住的基础环境。这类集中居住区域，一般为城中村、城乡接合部、棚户区，以及雇工单位的集体宿舍和临时工棚。政府应高度重视对民族地区进城农民工居住条件的改善。各级地方政府要按照"属地管理"原则，对城中村、城乡接合部、棚户区进行水、电、气、道路等基础设施建设的标准化改造，提高居住的舒适度。此外，对雇工单位的集体宿舍和临时工棚要制定居住标准，从居住的基本设施、安全性、舒适性等方面进行规定。二是狠抓农民进城就业的安全生产条件。在这方面，主要是要加强对用工单位和企业安全生产的培训，同时制定更为严格的安全生产标准并加大监督检查力度。三是切实帮助提高农民进城就业的伙食条件。包括单位和企业内部食堂的饮食卫生条件和饮食质量提升。在内部食堂的饮食卫生条件上，基本要求是卫生。相关政府部门要按照《食品卫生许可证管理办法》（简称《办法》）中的规定，检查单位内部食堂是否具备《办法》中规定的条件申请办理卫生许可证，是否有必备而完善的基础卫生设施。在饮食质量提升上，不管是内部食堂制作的饮食还是为农民采购的饮食，基本要求是营养。对此，可在政策支持成立农民工工会的基础上，政府协同农民工总工会共同维护农民进城就业人员的权利。如制定日常饮食标准，在突击检查或调查中对不达标的单位和企业纳入失信名单中加以惩戒等。四是建立保障工资发放的长效机制。包括：完善用工备案制度，即政府劳动保障行政部门要变被动等待用人单位前来办理劳动用工备案的方式为主动上门服务劳动用工备案的方式，并积极向务工人员宣传签订用工合同的意义。建立全国统一的"黑名单"制度，即对于那些被举报不按正常时限发放农民工工资而又查实的企业和单位，不仅对其进行行政处理或行政处罚，还要将其列入全国统一、可查的"拖欠工资黑名单"，作为失信单位，在政府资金支持、政府采购、招投标、生产许可、资质审核、融资贷款、市场准入、税收优惠、评先评优等方面给予限制，"一处违法、处处受限"，加大其违法成本。对于拒不支付劳动报酬且造成严重后果的，司法机关依刑法有关规定强制执行。此外，可借鉴 2016 年广西出台的《关于明确农民工工资保证金制度有关问题的通知》，并于 2018 年 6 月改进实施的将农民工工资缴存方式由以前的政府监管部门收缴改为由用工单位按规定直接在银行开设账户存入资金，实行缴存方、政府监管部门、商业银行三方监管模式[①]的基础上，在各个领域全面推广这一做法，保障农民工权益。对于政府工程拖欠工资的治理，要加强资金来源的管理，对于资金落实不到位的，项目不予批准。已开工建设拖欠工资的，要建立健全问责制度。为克服本级政府劳动监察机关无法监督执行的困境，政府工程拖欠工资的治理改由上级政府作为监督问责主体，采取约谈、公开通报等方式实施问责，督促整改到位。对问责督促不力而引发重大欠薪案件或群体性事件、造成不良社会影响的，要严肃追究相关部门和领导的责任。

总之，民族地区农民进城就业工资机制的完善，需要综合运用立法、行政和司法等措施，既预防又惩处用人单位拖欠农民工工资，让农民工的权益得到更好的维护。

第二是就业市场的信息机制。就业市场的信息对于求职者和招聘单位（雇用者）都是异常重要的。民族地区农民进城镇就业的途径之所以主要以熟人关系为主，还是受到就业市场信息的制约。由于从其他渠道获取就业市场信息较难或难以保障真实性，只能转而求助于熟人关系信息。对于求职者来讲，熟人关系提供的信息是真实可靠的，而对于招聘单位（雇用者）来讲，也同样更加信赖这种熟人关系提供的求职者信息。这种信息供给渠道虽然在很大程度上可以弥合就业市场信息来源不足的问题，但又容易存在信息来源狭窄、信息失真（一般表现为夸大）等问题。而农民本人自发到就业市场求职，也容易与用人单位（雇用者）之间存在信息不对称问题，难以达到理想效果。政府在权威性方面的价值更高，更容易获得社会认可。如果政府能够在就业信息方面进行有效供给，将为就业市场劳动力的供需双方带来更充分的信息容量、更宽广的信息来源、更真实的信息资料，对于就业市场的健康发展有着重要意义，尤其是对于民族地区农民

---

① 《广西农民工工资保证金启动"三方监管"》，https://sh.qihoo.com/96a42ddd48020287c?cota=1。

进城镇就业而言，更是有着直接的推动作用，能够极大地增强他们的就业信心，特别是对于那些社会交往不广泛、信息渠道闭塞的农民来说，其就业的推动作用更是不言而喻的。为更好完善就业市场信息机制，政府应制定以下政策。

一是信息收集、整理和发布政策。在信息收集政策上，政府要变被动为主动，到民族地区的农村、农户中去，收集求职信息。又要到城镇用人单位去，收集用人需求信息。在供需信息的录入上，要规定双方进行实名制登记。在信息整理政策上，在登记时要核验其信息的真实有效。对于用人的工业企业单位，重点要核验其信用体系——守信记录、可信赖程度等。而对于求职农民，则重点要核验其文化程度、技能、身体状况等。只有供需者的信息真实有效才能发布。而在信息的发布政策上，则需制定具体的发布政策，规定利用媒体（包括传统媒体和新媒体）发布供求信息的，只能是在政府举办的或政府授权的媒体中发布，其他未经授权媒体一律不得发布求职或招聘信息，由此保证就业市场信息的真实性。在发布方式上，考虑到供需双方对信息传递的直接、迅捷的要求，在当前条件下可充分利用网络的形式，由政府在每一行政村投放电脑，通过网络及时为供求双方提供信息服务。目前，广西河池金城江区农民求职"不出村"的网络化模式值得推广。[①] 当然，传统的面对面的供需双方的见面交流也仍属必要。政府可定期不定期组织有用工需求的企业，利用民族传统节日、乡镇圩日、春节前夕等时机到乡镇、街道社区举办农民工专场招聘会，为农民工在家门口找工作提供便利。

二是信息的跟踪服务政策。为进一步保证就业供需双方信息的真实有效性，政府还需要对双方信息进行跟踪服务。对用人单位和企业，主要是跟踪是否真实发生用工行为，是否签订用工合同及履行合同内容等。对民族地区农民求职者，则主要跟踪其在实际工作中的表现是否与求职登记的内容相一致。这种信息跟踪，不仅可以改进供求双方的信用水平和纠偏行为，同时也能为未来政府服务就业市场的信息机制提供有益帮助。

---

① 《金城江区农民求职"不出村"》，http://news.163.com/15/0504/07/AOOM5QOS00014Q4P.html。

四 加强农村基础教育

基础教育包括幼儿、小学和中学（初中、高中）三个阶段教育。在民族地区农村，由于受经济发展水平、交通、居住地、办学条件等方面的制约，农村学龄前孩子能够进入幼儿园接受早期教育的不多，特别是山区一些农村甚至没有幼儿园可供学龄前儿童入学。① 同时，受到升学率、读书成本及打工潮的影响，农民子弟读完初中后继续升入高中的也不多。《中国青年报》曾报道，广西凤山县一所初中初一招收 240 多个学生，中考时只剩 100 个，弃学的都外出打工了。② 类似的，据广西大化县高级中学教师、全国人大代表瑶族蓝春桃的调查，广西环江毛南族自治县有 40 多万人口，却只有一所高中，全县高中入学率才 30% 左右。加上进入中职学习的300 余人，仍与国家要求的 85% 毛入学率差距甚大。而广西毛南族代表谭梦曦通过调研发现，部分少数民族聚居县区的高中就读率、毕业率等指标都大大落后于国家标准。③ 教育部基础教育一司司长吕玉刚也承认，目前全国大多数省份的高中阶段教育毛入学率已达 90% 以上，只有 9 个省份毛入学率在 90% 以下，主要集中在中西部地区，其中有 3 个省份在 85% 以下，属于西部少数民族地区。④ 因而，当前民族地区农村的基础教育主要是义务教育阶段。

然而，民族地区农村基础教育的这一特点，也决定了民族地区当前和今后能够源源不断提供给城镇化的就业人口大多是初中文化水平的现实。这样一种教育局面，显然无论是对于农村劳动力自身素质的提高还是对于进城求职机会的扩大来说，都是极为不利的。因而，民族地区农村基础教育必须得到加强。用一句话来概括，就是"抓两头，稳中间"。所谓"抓

---

① 伍曼娜：《怀德基金向广西贫困山区捐赠 28 万元建设幼儿园》，《南方都市报》2018 年 8 月 17 日第 SA22 版。

② 《广西凤山去年"零一本"：教师呆不住　生源被抽走》，http://www.xinhuanet.com//2017 - 09/13/c_1121652666.htm。

③ 《部分少数民族地区高中入学率远低于标准》，http://www.mzyfz.com。

④ 《教育部：全国只有 9 个省份高中教育毛入学率在 90% 以下》，http://www.sohu.com/a/135167417_313745。

两头"，即一头抓好农村学前教育，使更多的农民子女在学前能够接受启蒙教育，另一头抓好高中教育，使农民子女通过高中阶段的良好教育，能够进入高等院校，提升城镇就业竞争力。所谓"稳中间"，即稳住义务阶段教育，同时提升教育质量，提高初中毕业升高中的入学比例，让更多的学生有机会到高中就读，这也是提高劳动力素质的中间环节。为切实做好"抓两头，稳中间"工作，民族地区政府应实施如下政策。

一是尽快出台并落实农民举家进城镇就业的政策。这一政策的出台实施，将使得民族地区农村大量减少留守儿童所带来的幼儿入学难、教学质量低、亲情教育缺失等影响教育的问题，同时对于义务教育及高中教育也能起到提质的作用。当前与教育相关的推动举家进城镇就业的政策，是农民工子女的入学政策。在这一点上，政府要为农民工子女的入学提供积极支持，使农民工子女能够有学可上，与城镇居民子女无差别入学，消除歧视性政策。

二是对于仍在农村的农民工子女的教育问题，则需要重点做好办学条件的提升和教学质量的提高两个方面的政策。

在办学条件的提升方面，首先是要加大农村教育投入。特别是农村的幼儿园、小学要合理布点兴办，不宜"一刀切"撤并学校。民族地区特别是山区农村，具有居住分散、交通不便的特点，简单地、"一刀切"地撤并学校或学校布点过少，对于幼儿、儿童就学是一个障碍。因而在农村幼儿园、小学的政策上，必须有一个新的政策。这个新政策，即重新调整农村幼儿园和小学的设立和分布，在离城镇 5 公里以上的农村都应该以行政村为单位至少设立一个幼儿园，离城镇 5 公里以上、交通不便的山区农村都应该设立一个小学。这需要政府加大财政投入力度。财政不足的，可通过吸收社会捐资助学如企业、行业、个人赞助等形式筹集资金。对于不属于义务教育的学前教育阶段，可引入社会资本，使学龄前儿童得到较好条件的入园教育。对于那些教学生活设施不能满足基本需求、尚未达到国家基本办学条件标准的、办学条件较为薄弱的普通高中学校，要积极进行改扩建校舍、配置图书和教学仪器设备以及体育运动场所等附属设施建设，配齐必要的教育教学条件和生活设施设备。其次是对于各级各类学校的办学条件，政府既要出台统一标准，包括课程开设、评价体系、基础设施等，使其办学条件标准化、规范化，又要照顾到具体情况，以"有学上"为最大原则。

在教学质量的提高方面，首先，是加大和改进基础教育的对口支援政策。这包含两个层面的支援：其一是地区间对口支援，即发达地区对民族地区的基础教育的支援；其二是城乡间对口支援，即民族地区内部城乡间基础教育的支援。这两个层面的对口支援，又可分为两个不同的政策内容。一种是学校层面上的支援政策，即一般的规定发达地区较强学校对民族地区薄弱学校、民族地区内部城市示范学校对农村学校在仪器设备、教具、图书资料以及管理模式等方面的支援。另一种是老师层面的支援。除了规定对口支援学校那些有经验、教学效果好的教师要到受援学校进行支援，指导受援学校教师备课、上示范课，并与同科目教师之间结对帮扶外，还可以规定受援学校教师要到支援学校进行跟班学习，以及要参评高级教师及以上职称的，发达地区学校必须到民族地区薄弱学校、民族地区城市学校要到农村学校进行志愿支教等多种形式。在时间上，学校层面的支援应是长期的，而教师层面的支援时间应当达到一年以上，才能收到良好效果。总的来说，通过对口支援，就是要一方面在硬件上改善民族地区薄弱学校、农村学校的办学条件，另一方面在软件上帮助受援学校的管理者、一线教师提高管理水平、教学能力、教学质量。其次，是要改进现有的招生政策。如果优质高中（示范性普通高中）只以分数、成绩作为标准录取考生的话，民族地区农村学校考生将很难有机会和能力参与竞争，因而改革这种招生政策迫在眉睫。为此，应将优质高中阶段学校招生名额合理分配到区域内初中，并使招生名额适当向区域内农村学校倾斜。可规定优质高中招生指标分配到辖区内初中学校的比例不低于50%，以此增加薄弱初中的毕业生就读示范性高中的机会。① 同时，对于那些发展较好、有特色、易就业的优质中等职业学校，应扩大招收民族地区农村学生的比例。对于一般的中等职业学校，政府可进一步放权，准予其实行自主招

---

① 莫诗浦：《"八大工程"大幅提升高中阶段教育毛入学率》，《中国教育报》2017年9月25日第3版。

生、注册入学的政策，保证没有升入普通高中的初中毕业生都能进入中职学校就读。以上政策，还可进一步与当前的扶贫政策结合起来，对于建档立卡的贫困户在校子女可实行 15 年免费教育政策，对于在普通高中、中职学校就读的建档立卡贫困户子女每年提供 3500 元、5000 元补助金①。

五　加强农民职业技能培训

鉴于民族地区农民缺乏职业技能而在就业市场上难以找到工作或只能当普工收入难以提高的现实，需要制定有关政策加强农民的职业技能培训以增强就业竞争力和提高就业收入，使更多的农民能够进入城镇、愿意进入城镇。除了初中毕业生保证能够进入中职学校就读、学习职业技能外，此处所讲的农民职业技能培训是专门针对那些暂时留守农村而又有意愿进入城镇谋职业的劳动力而言的。

一是出台鼓励农民职业培训机构就地举办培训的政策。目前的农民职业培训机构，主要是依托于坐落在县城的一些职业培训学校以及农广校、农机校等机构，少数的也会在乡镇开展培训。但无论是在县城还是在乡镇，对于民族地区农民而言尤其是交通不便的山区而言，由于还要兼顾农事与家庭，如要参加培训，不管是在县城、乡镇住宿还是每天往返，都将难以兼顾到农事与家庭，从而出现的一个现象就是，尽管农民培训几乎不需费用甚至还有补贴，或即使花费也是费用较低，但农民参加培训的积极性却不高，愿意参加培训的农民不多。从而，需要改变的是政府应出台鼓励农民培训机构就地举办培训的政策，即尽可能将培训下移。为此，可结合实际，除一些需要特殊场所和条件的培训外，一般的、对场所无特殊要求的培训如电器维修、缝纫、电焊、家政等，应将地点下移到交通不便且离乡镇较远（5 公里以上）的行政村或几个相邻的行政村举办，地点可借用村委会或"农家党校"之类的场所，以便农民能够就地学习到技能。为不影响农事，可将培训的时间安排到晚上，将其办成为"农村夜校"，使农民既能照顾农事，又能充分利用闲暇，还能学到若干技能，可谓"一举

---

① 莫诗浦：《"八大工程"大幅提升高中阶段教育毛入学率》，《中国教育报》2017 年 9 月 25 日第 3 版。

三得"。但很明显,这样的政策安排,将使培训的布点和师资都要增多。因而要使这项工作得以开展,进一步的政策就是加大农民职业技能培训的财政支持,并将培训地点下沉到村级作为培训机构招投标的一项必备条件。同时,对于到村一级进行培训的技术人员,政府可给予一定的补贴。并且,对于培训的内容、标准等也要做出相应的规定,如内容上,要与农民经过培训能够提高的,与城镇居民、城镇服务业和工业企业有需求的技能密切联系,像建筑工程施工、装修、家政服务的基本技能等。而培训标准,即培训要达到的目标。尽管培训内容不同,培训要达到的目标也很难有统一标准,但在根本目标上应该是一致的,即达到行业要求的标准,这一标准是城镇标准而不是农村标准,如装修,城镇居民的标准显然要比农村村民的标准要高。为了规范行业服务,本研究认为,尽管已有中央关于简政放权的背景,但在一些行业的准入上还是要有一定的门槛,即经过培训获得从业资格证书的才能从事某些行业,如装修、家政等。[1] 这一方面可以促使农民更多地接受就业技能培训,另一方面也有利于推进相关行业工作的规范化。在颁发从业证书的条件上,应克服当前存在的培训时间短、考证走过场的问题,对培训内容、培训时间、考试方式、评定标准等应进行政策规定,以保证考证制度的规范性和严肃性。

针对民族地区一些农民不会讲普通话的问题,还需进行普通话培训,重点培训从事家政、保健、商业营销、社区服务、餐饮、旅游等与口语关系密切的进城务工人员,以提高其普通话交流能力,扩大务工范围。[2]

二是实施民族地区农民终身职业技能培训政策。如果说前述民族地区农民职业技能培训是基于尚未进入城镇就业的一种"入职前"培训,这是农民进入城镇就业的第一步,那么本处所言的民族地区农民终身职业技能培训即为一种"入职后"培训,这是农民进入城镇就业的第二步。所谓"终身职业技能培训",就是这种培训要贯穿于民族地区农民在城镇就业的终身,把"农民"培训为"工人"并且是合格的产业工人,实现由"身

---

① 具体的从业资格标准,可通过建立国家职业资格目录,实行清单式管理。
② 王小丁、闫青:《柳州培训农民工:外出务工前一定讲好普通话》,http://news.sina.com.cn/c/edu/2006 - 03 - 17/11008464735s.shtml。

份"到"职业"的转换，由此才能适应不断变化的就业市场的需要，实现动态而稳定的就业。

民族地区农民终身职业技能培训政策，从其作为"入职后"培训的性质上讲，本应属于就业市场上的雇用方实施的"在职培训"。但如果依赖于这种雇用方开展"在职培训"，可能会导致两个后果。首先，雇用方除了一些较为正规的中大型工业企业或服务业外，更多的是一些中小型工业企业或服务业、小微私人企业或服务业，出于"省成本""多干活"的考量，加之农民就业的流动性大，在容易发生"收益外溢"的情况下，显然在农民（其时已是工人，又被称为"农民工"）的培训上难以指望雇用方自发地、从农民中长期发展需要的角度去实施，在那些用工季节性强的或以体力劳动为主的、技能要求简单的企业中，这个问题尤为突出。其次，假如这些雇用方有意进行培训，但由于场地、师资、经费等方面的制约，只能培训一些最简单的知识，如新工艺、新服务流程、安全生产（作业）规程等，对于农民的中长期就业机会的延续、改变或获得并无多少实际的帮助。

为使农民在城镇就业得到切实有效的终身职业技能培训，政府需从以下一些方面着力推进。第一，鼓励有资质的机构专门从事农民工职业技能培训。政府可通过招投标与实地考察的方式，从机构的信用体系、场地、师资等方面确定农民工培训机构。这些机构可包含有关农民工就业技能的多方面，如可涉及厨师、缝纫、车工、焊工、钳工、计算机、按摩、电器维修、家政等机构，农民工可根据自己的需要和兴趣选择。而政府则根据每年培训的农民工数量给予培训机构一定的补贴或根据培训后获得从业资格证书的农民工数量给予培训机构以奖励，如每一人获得从业资格证书可以减免若干税费等。第二，出台鼓励农民工积极参加职业技能培训的政策。一方面，可将农民工参加职业技能培训的情况进行登记管理，将其与享受公租房、再就业、创业扶持等相挂钩，作为优先享受、优先扶持的一个指标。另一方面，可实行农民工职业技能培训券制度，定期向每一位农民工发放一定数额的培训券，在规定期限内到政府选定的培训机构使用，在培训内容上可自主选择，免费使用。从而在时间灵活安排、费用不需承担上调动其参加培训的积极性。第三，出台鼓励企业或私人雇用方支持农民工参加培训的政策。作为受雇用的一方，农民工除了自身愿意参加培训外，企业或私人雇用方的支持与否也很重要。为了促使企业或私人雇用方支持农民工参加职业技能培训，一方面可将农民工职业技能培训的要求作为劳务合同的必备条款；另一方面也可将企业或私人雇用方雇用的农民工中参加过职业技能培训的人数作为减免税费的一个依据，由税务机关进行办理。

总之，就是政府要从培训机构、农民工、雇用方三方分别着力，出台农民工参加职业技能培训的鼓励性政策，使三者良性互动，做好农民工的职业技能培训工作。当然，这其中又需以政府加大对农民培训的经费投入作为基础。

六　全面清理歧视性用工政策

民族地区农民进城镇就业意愿的实现，还需以自由选择就业的地点、从事合法的工作为出发点。如若不能根据自身的需要、自己的兴趣到某一城镇选择从事合法的工作，也将在客观上成为其进入城镇就业的障碍，主观上影响其进入城镇就业的意愿，因而对民族地区农民城镇化就业的歧视性政策必须全面清理。

就业歧视一般包含种族、肤色、宗教、政治见解、民族、性别、户籍、残障或身体健康状况、年龄、身高、语言等方面的内容。但体现在民族地区农民城镇化就业的歧视性政策主要是三个方面：一是民族歧视，即由于是某个民族而在就业市场上被拒绝；二是户籍歧视，即限制外地务工人员进入本地就业，就业市场优先保护本地人员；三是行业歧视，即在某些行业上限制某些人员进入。民族地区农民由于具有与生俱来的三个难以撕掉的标签，即"民族""农民""乡下人"，更容易受到歧视。我国《劳动法》第12条明确规定"劳动者就业，不因民族、种族、性别、宗教信仰不同而受歧视"，这表明民族地区农民城镇化就业不应受到任何歧视，任何歧视都有违法律的平等规定，应该予以禁止。由于在现代民主制度下，政府决策必须回应民众的要求，公共政策必须以民意为基础①，为回应占人口多数的农民就业的合理诉求，消除各种就业歧视，政府应着手清理各地有关就业歧视的规定，限期进行整改，并对今后再出现有关歧视性内容的就业规定进行惩处，从而净化就业市场，这可谓"反歧视性政策的政策"。

除此以外，由于歧视性就业政策本身实质是一种观念的反映，因而要最终消除歧视性心理才是根本目标。为此，根本工作是要加大法制宣传教育和思想政治教育，让各地领导干部、党员群众增强法制观念，转变思想意识，树立人人平等的就业观。

七　出台特色城镇建设的配套政策

新型城镇化战略提出以来，国家积极推进特色小镇和特色小城镇建设。2014年9月16日，国务院总理李克强主持召开推进新型城镇化建设试点工作座谈会，会议确定新型城镇化建设从省、市、县、镇不同层级，东中西不同区域共62个地方开展试点，并以中小城市和小城镇为重点。②由此自2015年启动了特色小镇建设。截至目前，国家发展改革委、中央编办、公安部、民政部、财政部、人力资源和社会保障部、国土资源部、住房和城乡建设部、农业部、中国人民银行、中国银监会11部门联合推出了三批国家新型城镇化综合试点地区名单，共有2省246个城市（镇）入列。而特色小城镇自李克强总理在2017年政府工作报告中提到要大力发展以来，建设步伐也明显加快，国家发改委已公布了西部大开发"十三五"规划建设西部百座特色小城镇名单。

推进特色小镇和特色小城镇建设，具有重要意义。一是可以破除城乡二元结构，促进城乡融合。长期以来，我国城乡二元结构的存在，使得城镇化发展质量不高，农村发展也受限，城乡间出现"断裂"状态。因此，继党的十八大提出"推动城乡发展一体化"的战略任务后，党的十九大报告进一步提出，要"建立健全城乡融合发展体制机制和政策体系，加快推

---

① 安彩英：《试析民意与公共政策的关系》，《人民论坛》2013年第2期。

② 《新型城镇化试点64地区名单确定：包括两个省（名单）》，http://finance.ifeng.com/a/20150109/13416973_0.shtml。

进农业农村现代化"①。小镇和小城镇作为连接城乡的"中间地带"、纽带和节点，通过建设发展起来了，不仅能够带动周边农村的发展，也能会聚广大农村的劳动力，满足其城镇生活的愿望，成为城乡融合发展的平台。二是有利于加快实现人口城镇化。通过特色小镇和特色小城镇建设，能够加快产业发展与小城镇基础设施建设，增强小城镇对周边农民的吸引力，吸纳更多人口进入小城镇，形成常住居民和户籍居民。常住居民和户籍居民增加后，又会在衣、食、住、行、玩等方面增加需求，反过来刺激就业和带动创业，增强小城镇发展活力和动力，形成有产业、有人口的健康的新型城镇化，推动小城镇经济社会的发展。

民族地区由于有良好的自然和生态环境，以及在人文、历史和地理等方面的独特性，在打造和挖掘特色，推进特色小镇和特色小城镇建设中有巨大优势，在促进人口城镇化就业工作中应将其作为重要的方面加以推进。这也是对民族地区农民就近就地城镇化就业要求的基本回应。在政策上，应从以下方面重点实施。

第一，实施国定特色城镇建设的配套资金支持政策。即对于国家确定的特色小镇和特色小城镇，地方要给予配套建设资金，以尽快推进特色城镇建设。这是因为，进入特色小镇和特色小城镇名单的城镇虽然相较其他城镇更具有明显特色，但也同样面临长期财政紧缺造成的城镇基础设施陈旧、老化、落后的问题，首先需要进行维护和更新，以改善生产生活环境，以崭新的面貌示人，增强人口吸引力。同时，要推进特色城镇的建设，还需要有与之配套的公共服务设施，也需要较多的建设资金。另外，在特色城镇的项目培育、建设奖励等方面所需资金也不少。以上建设投入资金，单靠国家的供给显然不足，地方的财政配套就成为必需。在地方配套资金的安排上，可以省区一级政府为主，地市（自治州）、县（自治县）政府为辅通过财政收入返还的办法进行财政专项支持，也可以出台鼓励政策，积极吸收社会资金投入的办法筹集资金。总之，就是要加大国定的特色城镇建设力度，做好示范带动作用。

① 习近平：《决胜全面建成小康社会 夺取新时代中国特色社会主义伟大胜利——在中国共产党第十九次全国代表大会上的报告》，人民出版社，2017，第32页。

第二，积极实施本省区的特色城镇建设的培育发展政策。除了国定特色小镇和特色小城镇建设外，地方也应参考国家标准，制定省区一级的特色小镇和特色小城镇建设方案，以扩大特色城镇的建设规模和力度。一是鼓励挖掘和打造特色城镇。鼓励在特色城镇建设上，要紧贴民族、产业、文化、风俗、地理等当地实际和特色，认真挖掘和打造品牌，如"边贸小镇""民族风情小镇""特色风景小镇""港口小镇""沙漠小镇"等，形成鲜明的"一县一品""一乡一品"，避免雷同。对于特色和优势确实明显的，要给予资金扶持和奖励。二是积极进行项目培育。对于少数暂时在特色和优势方面不明显的，可积极帮助引进项目或鼓励引进项目，对于成功引进项目并符合特色标准的，可对项目和引进者给予奖励，且奖励的资金额度可与能够吸纳就业的人数相挂钩。通过这一政策，更多的特色城镇能够涌现和挖掘出来，满足民族地区人口城镇化就业且就近就地就业的切实需要。

第三节　优化民族地区人口城镇化创业的公共政策

本节把创业政策作为就业政策中的一种专门加以论述，是基于如下考虑：一是创业本身解决了创业者本人的就业；二是创业过程和发展大多数能够带动和帮助就业。越是成功的创业，带动和帮助的就业者就越多。因而，无论是从创业者本人的就业还是从创业对就业的作用来说，创业的本质都关乎就业，本身都是促进就业的一个重要手段，党的十七大提出"促进以创业带动就业"的战略部署。可以说，创业与就业息息相关。因而讨论创业，实际上也是研究如何促进就业的重要方面。而创业又涉及多方面政策，有必要对其进行单独讨论。创业依据地点的不同，可分为农村创业和城镇创业。而基于论述的主题和重点，本研究主要探讨的是城镇创业。从创业主体上讲，可以假设，作为"乡下人"的农民离开熟悉的农村环境，进入相对陌生的城镇，离开熟悉的农业，转而在较为陌生的其他行业创业，遇到的困难和问题要比城镇人多，这也决定了民族地区农民要进入城镇创业，必然需要政府的政策扶持。正如 2018 年"两会"期间习近平总书记在广东代表团讲话谈到政策制定时指出，要设身处地为进城务工人员着想，把当前最需要照顾的、扶持的方面搞好。① 而对于民族地区农民城镇化创业"最需要照顾的、扶持的方面"来看，在环境、资金、能力等方面，政府应从政策制定的角度搞好以下政策。

一　优化农民进城镇创业的环境

创业是一种动态、复杂的过程，创业活动与个人、环境、市场之间高度关联。② 当个人有创业的意志与决心后，创业环境就成为为创业提供机会或是形成束缚的重要因素。良好的创业环境既是激发创业种子生根发芽、促进创业要素加快聚集的关键推动力，又是保障创业不断成长的必要条件，是创新创业兴起和发展壮大的土壤和载体。③ 创业环境包括宏观环境和微观环境，外部环境和内部环境，自然环境、社会环境、经济环境等不同的类型或评价指标体系。从政府政策来看，本研究认为宏观环境或说外部环境、社会环境对农民的创业更具影响，也是政府所能"有所为"的最大空间。据此，此处的创业环境将主要从服务环境、治安环境、宽容失败的环境等方面对政府政策进行论述。

1. 服务环境

创业首先要面对的是与政府有关部门"打交道"。而从政府的角度看，就是要为创业者提供创业服务，各种服务的总和就构成了创业服务环境。从现实来看，中央对于创业在促进就业、引领国民经济社会发展中的作用异常重视，把它与创新进行并列，提出了"大众创业、万众创新"的号召，简称"双创"，是近几年中央政府工作报告的"热词"，中央也为此提出了许多政策与措施。然而在一些地方，政府的创业服务环境还不能令人满意，存在着诸如政府公信力不足、服务效率低、服务意识不强、服务态

---

① 《两会五下团组，习近平牵挂这些人》，http://www.chinanews.com/gn/2018/03 - 12/8465482. shtml。

② 陈震红、刘国新、董俊武：《国外创业研究的历程、动态与新趋势》，《国外社会科学》2004 年第 1 期。

③ 徐松、张秀生：《优化创业环境的着力点》，《光明日报》2016 年 2 月 16 日第 7 版。

度不好、服务手段不多、服务政策法规"碎片化"等问题，有的仍然是以管理代替服务，重管理轻服务等现象严重，在对待群众办事方面，不是从群众便利的角度出发而是从自身管理的方便出发，使得群众办事困难，有时为办理一个证明、一个证件，需要反复奔波，来回奔跑，或者存在相互推诿、拖而不办的问题，有的甚至吃拿卡要，让创业者心寒，为广大群众所诟病。这些现象和问题，极容易对创业造成挫折，给创业者带来伤害，甚至泯灭其创业热情。尤其对民族地区农民进城创业来说，在创业的政策法规、创业的行情把握等方面本就较为欠缺，更需要政府在创业服务方面加以优化，为创业成功保驾护航。为此，政府应制定如下一些政策。一是实施公共部门全员学习的制度。农民进城镇创业，需要的服务涉及许多部门，而部门与部门之间又会由于业务上的联系需要相互协作，因而实际上很难说存在不与创业者发生关系的公共部门。从而公共部门全员学习服务创业的制度就有其必要性。这里的学习，除了业务知识外，主要是学习掌握与服务创业有关的各种政策法规，明确自身职责，树立为创业服务的思想意识。二是实施公共部门工作人员在服务创业中的奖惩制度。对于与创业联系最紧密的有关单位，应结合创业政策法规，制定具体的服务规范与流程。对于因服务态度、业务能力得到创业者褒赞的，可作为考核评定的依据，而被投诉的，则予以惩戒。通过赏罚措施，激励或倒逼创业服务环境的优化。

2. 治安环境

创业的风险相较就业来说，要大得多。各种风险中，就包含创业者所面临的城镇治安风险。城镇治安良好，创业者免于治安的恐惧，就可以放心进行生产经营活动，市场秩序也必然良好，公平交易能够顺利进行。反之，如城镇治安环境差，创业者人身、财产安全得不到保障，随时随地受到威胁，这样的治安环境对创业者尤其是对于弱小的进城镇创业的农民来说，是一个巨大的消极影响。而这种治安不佳的环境，在民族地区由于经济发展滞后、城乡差别较大、民族成分复杂、法治建设不健全以及受到外来不良文化的影响等因素的叠加下，就显得相对较为明显。从新闻媒体的报道来看，民族地区城镇治安问题主要体现为：开店、摆摊做生意被黑恶势力收取"保护费"、盗抢等。这样的治安环境，让普通群众胆战，创业者更是心惊，甚至吓跑了开店、摆摊者。对于这样的治安环境，政府不能坐视不管，必须采取切实政策，维护和建立良好的城镇社会治安秩序，使群众安居，使创业者乐业。政府应当采取的政策如下。一是政府信访部门与其他有关联系密切部门要变坐等群众"上访"为主动"下访"。信访部门与其他有关联系密切部门多年来的工作方式是习惯于机关坐班，等待群众来信来访或办事。然而这样的工作方式容易造成群众的诉求和社会矛盾难以得到尽早的、及时的发现和化解，而在办公室得到的信息又往往是个别的、不齐全的，难以做出准确的判断和定性，而且有可能是滞后的信息，不能及时反映群众的诉求和及时化解社会矛盾，使得一些不满和矛盾得以扩大和爆发出来，成为城镇社会治安的隐患。因而亟须改进工作方式，实施变群众"上访"为机关部门主动"下访"的政策，到群众中去倾听群众的诉求，到现场中去化解社会矛盾，使群众的诉求及时得到处理，把社会矛盾解决在萌芽状态中。二是持续实施"严打"政策。过往，"严打"作为一种严厉打击违法犯罪活动的政策，一般都是在特殊时期实施。虽然"严打"能够在短时间内取得较为显著的效果，使社会治安明显好转，但由于"严打"时间的短暂性，当这一政策停止实施时，也容易引起反复。因而，"严打"政策需要持续开展实施，以对违法犯罪分子形成持续高压，还群众生活以平安，给进城创业农民护航。三是要实施全民防控政策。社会治安涉及面广、综合性强，是一项系统工程。尤其在城镇中由于人口密集、人员复杂、流动性大，治安工作面临的挑战也更大，单靠政府有限的人力（警力）显然难以发挥理想作用，因为警察的力量毕竟有限，严打的力量也有其难以到达之处。而治安用现代理论来看，已由统治转变为治理问题。治理与统治不同。治理既涉及公共部门，也包括私人部门。治理的主体既可以是公共机构，也可以是私人机构，还可以是公共机构和私人机构的合作。① 在这一认识之下，在推进国家治理体系和治理能力现代化过程中，我国明确提出了要建立"党委领导、政府主导、社会协同、公众参与、法制保障"的社会治理体制。在这里，"党委领导、政府

---

① 俞可平主编《治理与善治》，社会科学文献出版社，2000，第 5～6 页。

主导"与"法制保障"都是理所必然，也有体制保障，难就难在"社会协同、公众参与"。"社会协同、公众参与"即社会和公众要协同合作起来，要积极参与公共部门主导的社会治安管理活动。公众的这种合作、参与，需要政策引导与支持。作为原子化的创业者来说，尤其需要组织起来，以强大的人民组织化力量抗击黑恶势力与不法分子的组织化。为此，政府可实施城镇居民全员治安联防政策，将城镇居民组织起来，全员参与社会治安管理。具体可组建街道联防队、巡逻队等日常治安队伍，而店家、商铺、摊贩、居民之间的互动、合作与联防则可借鉴广州、西安、绍兴等地先后出现过的"哨子队"形式，由老年人佩戴红袖章、挂着平安哨，几个人一组、走门串户，在聊天散步、运动锻炼中观察情况、收集信息，发现可疑人员或突发情况时，立即吹响哨子"拉响警报"，邻里街坊、联防治安巡逻队都能第一时间赶往处理，可谓"哨子一响，可保平安"。

3. 宽容失败的环境

创业存在着风险，包括项目选择的风险、竞争的风险、管理的风险等，每一种风险都可能导致创业的失败。特别是民族地区农民进城镇创业，进入的是一个新的领域和行业，在经验、市场、信息、管理等方面都存在不足，风险也相对要大一些。如创业失败，不仅要面临来自亲朋好友的议论、诘难的压力，更有可能面临较大的经济损失的压力。此种情况下，就需要政府出台政策，缓解民族地区农民进城镇创业失败的压力，也为社会营造一种宽容创业失败的环境。审查机构要严格审查失败原因，区别对待。即审查结果如并非人为故意造成的失败，可免除其所贷资金的利息，并可延长其还贷期限。而对于希望重新创业并提交可行计划的，仍可在其未还清所欠贷款的情况下，再次为其提供无担保贷款，从而设立资金保障，降低创业风险，在社会上营造允许创业失败、宽容创业失败、鼓励创业的社会环境。

二　加大农民创业的金融政策支持

当前政府对农民创业的支持力度是较大的，也有各种政策的保障。其中，在金融政策上，在国务院办公厅 2015 年颁发关于支持农民工等人员返乡创业的意见提出支持农民工返乡创业，给予农民工创业担保贷款的基础上，至少有河南、湖北、广东、贵州、福建、广西等多地出台了为创业农民提供专项资金扶持和小额担保贷款政策，贷款额度由原来国家规定的最高 5 万元提高到 10 万 ~ 20 万元。通过这些政策，较大数量的农民在短期内得到了创业扶持。然而有研究者通过实地调查发现，当前农民创业贷款存在贷款渠道单一、贷款预期与实际差距较大、贷款产品缺乏创新、贷款服务质量欠佳等问题①，使农民创业贷款的成功率不高或使用效率不高。在民族地区，由于农民的自有资金少，创业的贷款需求也相对较大，然而贷款额度的限制②、反担保门槛的较高设置③以及还贷时间最长不超过 3 年等条件，导致农民贷款难，且所贷款项基本只能用于短、平、快的项目，对于回款慢和风险高的创业项目的实施不利。

在金融政策上，政府需要进一步改进相关规定，加大对民族地区农民进城镇创业的支持。一是贷款额度可根据创业项目及其可行性进行灵活调整，最高贷款额度进一步放宽或取消最高额度限制。这需要对项目进行严格评估，包括贷款申请人的从业经历、个人能力、创业经验、诚信情况、项目的市场前景、风险等方面的内容，全面进行贷款及其额度的可行性论证。二是降低反担保门槛，使贷款申请人能够自我担保。反担保门槛在实践中常常使得创业者难以找到反担保人而无法贷到款。改进办法是将其与农村土地管理制度改革结合起来，使贷款申请人可以用承包的土地经营权或宅基地作为抵押进行自我担保贷款。三是还贷时间要与具体项目相结合。即要根据具体项目的难度、生产周期、回款周期等进行评估，约定还贷时间。四是贷款贴息要与项目吸收就业情况相结合。除了第一年或前两年政府给予贷款贴息外，对于三年以上的，应当对其进行有条件的继续贴

① 王娜：《信贷支持返乡农民工创业存在的问题及对策研究——基于山东省商河县特困村返乡农民工创业贷款调查》，《鲁东大学学报》（哲学社会科学版）2018 年第 3 期。
② 如 2015 年颁布的《广西壮族自治区农民工创业担保贷款实施办法》规定最高贷款额度为10 万元。
③ 如 2016 年颁布的《关于广西壮族自治区农民工创业担保贷款实施办法的补充通知》明确规定的反担保人条件是：具有当地户籍或在当地工作的行政机关事业单位在编在职人员、垂直机关工作人员、在规模以上企业连续工作五年以上且依法缴纳社会保险的员工、享有地方财政人员经费预算的村"两委"干部和公职人员等四类人员。

息或金融机构给予降低贷款利率的政策，即创业项目吸收到若干人（如5人以上）就业的，就可享受这一政策，从而鼓励创业和吸收就业。

三 积极实施农民创业培训的政策

上述包括担保贷款在内的政策是否足以支撑民族地区农民进城镇创业取得成功？民族地区农民是否具备进城镇创业的优势？显然，对于民族地区农民而言，进入城镇创业就是进入一个陌生领域，仅有资金扶持显然不够，还需要进行创业方面的培训和支持，并在创业过程中给予技术指导。培训内容可根据需要，既可以设置与创业有关的经济知识、法律知识、税收政策、市场环境、项目选择等固定内容，也可以根据农民创业需要设置一些技术性的自选内容。为激励农民积极参加培训，一方面可实施农民创业培训免费政策；另一方面可实施将创业培训与创业支持相挂钩的政策，即规定只有参加了创业培训，并在培训结束后完成创业计划书，经有关机构评审合格后获得劳动和社会保障部监制的"合格证"，其创业过程中才能获得政府的后续支持服务，包括享受小额贷款，提供项目论证、开业指导、政策规定、法律咨询等服务，并协助解决创业过程中遇到的困难和问题，如协调有关部门落实工商注册登记、税费减免等各项扶持政策。

小 结

本章的主要任务，是提出促进民族地区农民城镇化就业的对策建议。从"政治系统分析"的"输入—转换—输出"的公共政策过程和模型，依据前述民族地区农民城镇化就业的阻滞因素、农民就业需求的"输入"端，政府经过回应、提炼的转换，最后应在"输出"端实施以下一些促进民族地区农民城镇化就业的对策。

首先，促进民族地区人口城镇化就业政策须坚持几项原则，包括注重服务的原则、讲求实际效用的原则、优化就业环境的原则、与农村各项改革相结合的原则等。这是政府制定促进民族地区人口城镇化就业政策的基础和前提。

其次，在具体的促进民族地区人口城镇化就业政策方面，应实施如下政策。一是壮大市县中小企业与私营经济发展。这里又包括金融支持政策、财政支持政策、税收支持政策。二是降低劳动力转移就业的成本和就业风险。具体包括：出台鼓励农民举家进城镇安居、就业的政策；实施农民进城就业的最低生活保障政策。三是健全完善劳动力市场机制。具体包括工资机制与就业市场的信息机制。其中就业市场的信息机制又包括信息收集、整理和发布政策和信息的跟踪服务政策。四是加强农村基础教育。具体包括尽快出台并落实农民举家进城镇就业的政策；对于仍在农村的农民工子女的教育问题，则需要重点做好办学条件的提升和促进教学质量的提高的政策。五是加强农民职业技能培训。具体包括出台鼓励农民职业培训机构就地举办培训的政策；实施民族地区农民终身职业技能培训政策。六是全面清理歧视性用工政策，最主要是民族歧视、户籍歧视、行业歧视等。七是出台特色城镇建设的配套政策，一是实施国定特色城镇建设的配套资金支持政策；二是积极实施本省区的特色城镇建设的培育发展政策。

同时，由于创业与就业之间存在着密不可分的关系，创业本身既是就业的一部分，也能带动就业，因而本章还专门探讨了促进民族地区人口城镇化创业的政策建议。一是优化农民进城镇创业的环境。此处的创业环境，包括服务环境、治安环境、宽容失败的环境等。二是加大农民创业的金融政策支持。三是积极实施农民创业培训的政策。

|第七章|
结语与展望

在中央实施"以人为核心"的新型城镇化战略的宏大背景下，大量农村人口进入城镇成为新城镇人口。从而，新型城镇化的实质就是人口城镇化。占国土陆地面积大部的中西部地区多为民族地区，在中央提出"三个1亿人"的目标下，民族地区新型城镇化建设既是机遇，是动力，也是极大的挑战。要实现"引导约1亿人在中西部地区就近城镇化"的目标，民族地区政府必须拿出切实措施，不仅要让农业转移人口就近落户城镇，更重要的是要让这些转移出来的农业人口在城镇中"能就业"，以就业促进城镇化，以就业留住人力资源。因而促进就业是民族地区实现新型城镇化、就近城镇化的必由之路。然而，地理位置、资源禀赋、历史际遇等多方面原因的限制，形成了民族地区经济社会发展相对较为滞后的现状。突出表现为：中小型企业数量较少、农民文化水平总体较低、城镇就业技能较缺乏等，影响了人口城镇化的推进，实现就近城镇化的难度也更大。而同时，民族地区农民又有着较为强烈的城镇化意愿，并对政府在促进就业方面提出了较大需求。依据政治系统的"输入—转换—输出"的一般系统分析理论，政府公共政策的制定应当基于民族地区农民的实际需求，这是对责任政府与回应型政府①的根本要求。

当然，按照伊斯顿的政治系统理论，农民的就业需求输入后，政府对

---

① 所谓"回应型政府"，强调的是政府要对民众的利益诉求做出积极的反应，并采取有效措施以解决问题。参见韩旭《构建"回应型政府"，推进国家治理现代化》，http://chinaps. cass. cn/chgtj/201612/t20161216_3349569. shtml。

就业需求的支持经过反应，产生了农民就业的公共政策输出，但公共政策输出后，还需经过"反馈环"，即进城农民对政府政策输出做出反应，经与政府沟通，政府做出下一步的可能行为，从而产生新一轮的政策输出。新一轮的输出、反应、信息反馈和由政府做出的再反应的运动过程，促进进城农民的就业政策在未来进行不断调整，从而使政府的公共政策形成运动着的系列，永不间断。① 本研究所提出的公共政策也由此具有暂时性、相对性。

还需要指出的是，本研究以广西为例说明民族地区人口城镇化就业的问题与对策，是由于广西具有独特的地理位置优势，即沿海、沿边，与发达省份广东相邻，与中部省份湖南、西部省份云南与贵州接壤，本身又是民族地区，多民族聚居、杂居。近年来，广西经济社会发展势头较好，各项指标在全国排名处于中等，在民族地区中则排名前列。可以说，广西既走过了其他民族地区所走过的路，也在走着自己的路，或许自己走的路还能给其他民族地区一种参照，因而以广西为样本进行研究有一定的意义。同时，城镇化及其就业问题已成为全国性问题，在各省（区、市）工作中都被摆到了突出地位，本研究虽然是以广西为例研究人口城镇化的就业促进政策，但所涉及的问题与其他非民族地区也有不少共性，从而所提出的政策建议应当具有一定的参考价值。如此，才是本研究的最大价值所在。

尽管在民族地区推进人口城镇化就业工作遇到的困难和阻滞因素比其他地区要多，然而辩证地看待及现实观察，也能发现其具有美好前景和后发优势。

一是有中央重视。我国城镇化发展多年来存在不充分不平衡的问题，也由此影响到地区差距和城乡差距，这一点已为中央所重视。2014 年 3 月 5 日第十二届全国人民代表大会第二次会议上，国务院总理李克强在政府工作报告中提出了"三个 1 亿人"目标，并专门针对中西部地区提出了"引导约 1 亿人在中西部地区就近城镇化"的目标和要求，还提出要"加大对中西部地区新型城镇化的支持"，旨在促进全国城镇化均衡发展。国

---

① 有关"反馈环"的具体表述，参见〔美〕戴维·伊斯顿《政治生活的系统分析》，王浦劬等译，华夏出版社，1989，第 31 页。

务院于 2014 年 10 月印发了《国务院关于进一步做好为农民工服务工作的意见》，提出"到 2020 年，转移农业劳动力总量继续增加，每年开展农民工职业技能培训 2000 万人次，农民工综合素质显著提高、劳动条件明显改善、工资基本无拖欠并稳定增长、参加社会保险全覆盖，引导约 1 亿人在中西部地区就近城镇化，努力实现 1 亿左右农业转移人口和其他常住人口在城镇落户，未落户的也能享受城镇基本公共服务，农民工群体逐步融入城镇，为实现农民工市民化目标打下坚实基础"[①] 的目标，为民族地区人口城镇化就业政策的制定指明了方向。

二是有东部沿海发达地区的产业转移政策。近年来，东部沿海地区劳动力成本不断上涨，而中西部地区的产业发展严重不足，不少农民工赴沿海务工。此外，中国制造业面临的竞争力也在加大，东部沿海的产业必须不断升级，而中西部地区则缺少相应的产业。这一形势决定了东部沿海地区的产业需加快向中西部地区转移，也为民族地区农村人口就近城镇化就业提供了可能。

三是民族地区自身对人口城镇化就业的认识不断提高，并在政策上已有先行基础。如 2015 年 7 月广西壮族自治区人社厅、财政厅和中国人民银行南宁中心支行联合制定颁布了《广西壮族自治区农民工创业担保贷款实施办法》，这是全国首个专门针对农民工创业提供担保贷款的政策文件。该《办法》对农民工城镇创业提供了政策支持，政策内容包括贷款范围进一步扩大，额度大幅度提高；贷款程序进一步简化；反担保方式进一步拓宽等。2018 年 12 月底，广西印发了《广西壮族自治区人民政府关于做好当前和今后一个时期促进就业工作的通知》，《通知》对《国务院关于做好当前和今后一个时期促进就业工作的若干意见》文件精神贯彻落实的同时，结合广西实际，细化补充了相关政策和措施。该《通知》出台了包括加大稳岗支持力度、加大就业创业支持力度、加大培训支持力度、开展下岗失业人员帮扶等方面的政策措施。这一政策对广西人口城镇化就业将起到有力的促进作用。

----

① 《国务院关于进一步做好为农民工服务工作的意见》，《人事天地》2014 年 11 月 1 日。

上述形势表明，尽管民族地区人口城镇化就业面临的难度较大，但在中央重视、东部沿海发达地区产业转移、民族地区自身对人口城镇化就业的充分认识并注重政策保障的有利局面下，政府促进民族地区人口城镇化就业仍有乐观前景，值得充满期待！

附录 1

"民族地区人口城镇化与政府促进就业的公共政策研究" 调查问卷

问卷统计编号	

民族地区人口城镇化与政府促进就业
的公共政策研究

调查问卷

广西大学

2015 年

调研说明

本调查是广西大学公共管理学院汤玉权教授承担的 2013 年度国家社会科学基金项目"民族地区人口城镇化与政府促进就业的公共政策研究"的重要组成部分，它将在广西区内选择 3000 名左右的农民进行问卷或访谈调查，以了解其对城镇化进程中政府促进就业的政策需求，为中共十八大提出的新型城镇化战略提供重要的参考价值。本调查数据完全用于学术研究并提交党的各级组织部门，我们将为各位被调查者保守秘密。谢谢合作！

填表说明

1. 本表主要用于从事学术研究和向党的各级组织部门报送有关情况，以便学者和有关党的部门掌握当下农民对于城镇化就业的政策需求情况。本调查数据不用于商业目的，我们坚守研究伦理，为被调查者保守秘密。

2. 本调查表由调查员亲自填写，所有数据必须做到公正、客观、准确，调查员对所填写的数据材料的真实性负责。

3. 在填写数据时，调查员需将所有受访者的个人信息和联系方式备案，以便核实调查实施情况和开展进一步回访。

4. 填写时请用中性笔，确保字迹清晰、工整，避免潦草、涂涂抹抹、难以辨认。

5. 如表格相关项目与实际调研情况不符或存在疑问，请及时与项目组取得联系，协商解决。

6. 本调查涉及选择项的，调查员直接在所选项处打"√"即可。

一 调查地点

_____省（区、直辖市）_____市_____县_____乡（镇）_____村_____组（屯、社）

二 受访人基本情况

（仅针对农村劳动年龄人口。按照中国有关法律规定，劳动年龄人口男子为 16～59 岁、女子为 16～54 岁）

项　目	数　据
1. 性别：	① 男 ② 女
2. 年龄：	① 16～20 岁 ② 21～25 岁 ③ 26～30 岁 ④ 31～35 岁 ⑤ 36～40 岁 ⑥ 41～45 岁 ⑦ 46～50 岁 ⑧ 50 岁以上
3. 民族：	请直接填写：_____
4. 文化程度：	① 文盲 ② 小学 ③ 初中 ④ 高中 ⑤ 中专 ⑥ 大专 ⑦ 本科及以上
5. 您的家庭人口数量：	① 1 人 ② 2 人 ③ 3 人 ④ 4 人 ⑤ 5 人 ⑥ 5 人以上
6. 您家的劳动力数量：	① 0 人 ② 1 人 ③ 2 人 ④ 3 人 ⑤ 4 人 ⑥ 5 人 ⑦ 5 人以上
7. 您家劳动人口中，在城镇就业（半年以上）的有：	① 0 人 ② 1 人 ③ 2 人 ④ 3 人 ⑤ 4 人 ⑥ 5 人 ⑦ 5 人以上

续表

项　目	数　据		
8. 您家人口数量中，非农业户口的人数有：	＿＿＿＿＿人		
9. 您本人的户籍是：	① 城镇 ② 农业		
10. 您目前主要从事：	① 种植业 ② 养殖业 ③ 运输业 ④ 手工业 ⑤ 建筑业 ⑥ 服务业 ⑦ 其他（请注明）：＿＿＿＿		
11. 您去年的家庭年收入在：	① 0.5 万元以下 ② 0.5 万 ~1.0 万元 ③ 1.0 万 ~1.5 万元 ④ 1.5 万 ~2.0 万元 ⑤ 2.5 万 ~3.0 万元 ⑥ 3.0 万 ~4.0 万元 ⑦ 4.0 万元以上	其中，农业收入：	① 0.5 万元以下 ② 0.5 万 ~1.0 万元 ③ 1.0 万 ~1.5 万元 ④ 1.5 万 ~2.0 万元 ⑤ 2.5 万 ~3.0 万元 ⑥ 3.0 万 ~4.0 万元 ⑦ 4.0 万元以上
		非农业收入：	① 0.5 万元以下 ② 0.5 万 ~1.0 万元 ③ 1.0 万 ~1.5 万元 ④ 1.5 万 ~2.0 万元 ⑤ 2.5 万 ~3.0 万元 ⑥ 3.0 万 ~4.0 万元 ⑦ 4.0 万元以上

三　调查提纲

项　目	数　据	项　目	数　据
12. 您近三年来是否有到城镇进行非农务工的经历？	① 是。＿＿＿次，最长的时间是＿＿＿年（或月、或日）	是到过哪里？	① 本乡镇 ② 本县其他乡镇 ③ 本县城 ④ 外县其他乡镇 ⑤ 本市其他县城 ⑥ 本市区 ⑦ 本省（区）其他城市 ⑧ 本省（区）以外

续表

项 目	数 据	项 目	数 据
12. 您近三年来是否有到城镇进行非农务工的经历?	① 是。_____次,最长的时间是_____年(或月、或日)	从事何种行业?	① 工业 ② 商业 ③ 建筑业 ④ 运输业 ⑤ 服务业 ⑥ 其他
		您进城务工是通过什么方式找到工作的?	① 自己看到招聘信息后联系的 ② 亲朋好友介绍的 ③ 中介公司介绍的 ④ 政府帮助联系的 ⑤ 其他方式
		现在为什么又回来了?原因是(可多选):	① 收入太低 ② 工作太辛苦 ③ 无法适应城市生活; ④ 找不到活干(请说明原因:_____) ⑤ 家里需要 ⑥ 其他(请注明):_____
	② 否	为什么不愿意出去而愿意留在村里?(可多选)	① 农村生活更好 ② 农业收入更高 ③ 家里需要 ④ 农业更适合自己 ⑤ 怕在城里找不到活干 ⑥ 其他(请注明):_____
13. 如果今后国家或地方政府全面放开户口限制,您是否想到城镇居住、成为城里人?	① 想	是想到哪里?	① 本乡镇 ② 本县其他乡镇 ③ 本县城 ④ 外县其他乡镇 ⑤ 本市其他县城 ⑥ 本市区 ⑦ 本省(区)其他城市 ⑧ 本省(区)以外 您的考虑是什么?(请注明):__ _____

项　目	数　据	项　目	数　据
13. 如果今后国家或地方政府全面放开户口限制，您是否想到城镇居住、成为城里人？	② 不想	不想，原因是什么？（可多选）	① 不喜欢城镇生活 ② 城镇开支太大 ③ 怕在城里找不到工作 ④ 其他（请注明）：_____ _____
	③ 无所谓		
14. 在城镇或假如您到城里居住生活，您最担心什么？（可多选）	① 治安		
	② 无法适应		
	③ 被歧视		
	④ 生活成本		
	⑤ 就业		
	⑥ 其他（请注明）_____；		
15. 您觉得以您现在的条件，能在城镇居住并安定下来吗？	① 能	能的原因是：	① 自己学历高 ② 自己有一技之长 ③ 有政府的帮助 ④ 有亲朋好友的帮助 ⑤ 城镇就业机会多 ⑥ 其他（请注明）：_____ _____
	② 不能	不能的原因是（可多选）：	① 丧失了工作能力 ② 城镇就业机会少 ③ 没有一技之长 ④ 没有人帮助 ⑤ 其他（请注明）：_____ _____
	③ 不知道		
16. 近三年来，您是否参加过非农就业培训？	① 是	组织者是谁？	① 企业 ② 学校 ③ 政府 ④ 社会组织 ⑤ 村两委会 ⑥ 志愿者
		培训是否收费？	① 是。收_____元 ② 否 ③ 不记得了

续表

项　目	数　据	项　目	数　据
16. 近三年来，您是否参加过非农就业培训？	① 是	培训时间共计：	＿＿＿＿天
		培训内容是什么？（可多选）	① 工业技能 ② 手工业技能 ③ 商业知识 ④ 建筑业技能 ⑤ 运输业技能 ⑥ 文化知识 ⑦ 法律知识 ⑧ 其他（请注明）：＿＿＿＿＿ ＿＿＿＿＿＿＿＿＿
		您认为培训对于城镇务工是否有实际作用？	① 有用 ② 无用。原因是：＿＿＿＿＿ ③ 不好说
	② 否		
17. 如果到城镇就业，您最希望获得谁的帮助？（单选）	① 亲戚		
	② 老乡、朋友		
	③ 政府	如果您希望获得政府的帮助，您希望在哪些方面获得帮助？（可多选）	① 提供就业岗位 ② 免费提供就业技能培训 ③ 扶持自主创业 ④ 提供最低生活保障 ⑤ 其他（请注明）：＿＿＿＿＿ ＿＿＿＿＿＿＿＿＿
	④ 企业		
	⑤ 其他		
18. 近三年您是否有过自主创业？（注：自主创业，是指劳动者主要依靠自己的资本、资源、信息、技术、经验以及其他因素自己创办实业，解决就业问题。）	① 是	在自主创业的过程中，您得到过来自哪些方面的帮助？（可多选）	① 政府的资金支持 ② 政府的信息支持 ③ 政府的政策支持 ④ 企业的资金支持 ⑤ 企业的技术支持 ⑥ 企业的信息支持 ⑦ 家人的资金支持 ⑧ 家人的技术支持 ⑨ 他人的资金支持 ⑩ 他人的技术支持 ⑪ 他人的信息支持
	② 否		

续表

项　目	数　据	项　目	数　据
19. 今后三年内您是否准备自主创业？	① 是	您如果准备自主创业，希望得到来自哪些方面的帮助？（可多选）	① 政府的资金支持 ② 政府的信息支持 ③ 政府的政策支持 ④ 企业的资金支持 ⑤ 企业的技术支持 ⑥ 企业的信息支持 ⑦ 家人的资金支持 ⑧ 家人的技术支持 ⑨ 他人的资金支持 ⑩ 他人的技术支持 ⑪ 他人的信息支持
	② 否		
	③ 还未考虑		
20. 据您所知，政府（包括各级政府）近三年内是否为农民创业或进城镇务工出台过什么政策？	① 是	如有，请直接填写：_____ _____ _____	
	② 否		
	③ 不清楚		
21. 如果要自主创业或进城镇务工，您希望政府为农民制定一些什么样的政策或措施？	请直接填写：_____ _____ _____ _____		

调查员姓名：_____　　联系电话：_____

调查时间：2015 年_____月_____日

| 附录 2 |
"进城务工人员与城镇化关系" 访谈提纲

目的：了解农村人口就近就地城镇化的意愿和阻滞因素。了解农民工对于城镇化进程中政府促进就业的意见和建议。

（一） 就业方面访谈提纲

性别：

贵姓：

年龄：

来自何处？

来南宁多久？

现主要从事何种工作？（或想做什么工作？）

是常住南宁务工还是季节性（临时）务工？

为何来南宁而不在老家的县城或乡镇、或到别的城市务工？

是否已在南宁落户？为什么？

是独自一人来，还是夫妻、小孩一起？

目前工作、收入是否稳定？

收入是否能够在南宁生活得较好？

就业方面是否寻求过政府的帮助？为什么？

听说过政府对于农村人进城务工有什么帮扶政策吗？从哪里听说的？你觉得该政策怎样？

如果一直没有稳定的工作，你是否会考虑离开南宁？

你对政府帮助或解决农村人进城务工就业有什么建议？

（二） 教育方面访谈提纲

你有几个小孩？目前读书的几个？分别是多大？读什么年级？

是跟随来南宁读书还是留在家里读书？

留在老家而不跟随来南宁读书的原因是？

或：跟随来南宁读书的原因是？

小孩在南宁读书，就读的是什么性质的学校（私立、公立），是通过什么方式进入学校的（交赞助费、找关系、或其他）？是否困难？

小孩在南宁读书一年的花费是多少？比在老家的花费怎样？

在南宁的收入能否供得起小孩读书的费用？

觉得小孩在城市读书好还是在老家读书好？今后会一直让他在南宁读书还是会送回老家读？

如果孩子一直无法来南宁读书，今后会离开南宁吗？

关于小孩在城市读书的问题，对政府有什么意见或建议？

（三） 社会保障方面访谈提纲

是否参加过养老保险？计划未来如何解决自己的养老问题？

是否参加了工伤保险？是否有过工伤问题？如有，是否通过工伤保险解决？

是否参加了医疗保险？在南宁生病时是否使用过医疗保险？

是否参加了失业保险？

（被访问者为育龄女性）是否参加了生育保险？

是否参加了住房公积金？

以上如参加了，是如何参加（缴纳）的？据你所知，是否和城镇职工一样缴纳和享受？

不参加，原因是什么？

从本人的意愿看，您是否愿意参加上述全部或部分保障？是否有持续参加全部或某项社保？

如果未能享受到上述的全部或部分社会保障，今后会离开南宁吗？

希望政府在哪些方面加大力度支持进城务工人员的社会保障？

（四）住房方面访谈提纲

在南宁的住房问题是怎么解决的？

如未买房，是否想买房？能否买得起房？

如已买房，何时买的？面积多大？花费多少？是新房还是旧房？

如是租房，是单独（家庭）租房，还是与他人合租？每月房租多少？占每月总收入的多少？

如果在南宁一直没有固定的住所（买房或享受到政府提供的经济适用房或廉租房），今后会离开南宁吗？

访问人：_____

时间：_____

地点：_____

访问编号：_____

附录3

广西壮族自治区新型城镇化规划
（2014—2020 年）（节选）

（中共广西壮族自治区委员会　广西壮族自治区人民政府）

2014 年 7 月 22 日

城镇化是现代化的必由之路，是推动经济提质增效升级的重要抓手，是促进城乡区域协调发展的重要途径，是广西与全国同步全面建成小康社会、加快建成我国西南中南地区开放发展新的战略支点的重要支撑。广西已进入实现"两个建成"目标的决定性阶段，处于城镇化快速发展的关键时期，推进新型城镇化发展意义重大。

广西壮族自治区新型城镇化规划（2014—2020 年），根据党的十八大和十八届三中全会精神，依据《国家新型城镇化规划（2014—2020 年）》、中央和自治区城镇化工作会议精神编制，对今后一个时期广西新型城镇化发展的基本路径、发展目标、战略任务、重大举措和制度创新作出总体部署，是指导广西城镇化健康发展的行动纲领。

第一章　城镇化发展进入新阶段

随着经济社会持续快速发展，广西城镇化步伐不断加快，取得了显著成效，进入了快速发展新阶段。必须深刻认识城镇化发展新趋势新特点，遵循客观规律，把握正确方向，努力探索具有时代特征、富有广西特色的新型城镇化道路。

第一节　发展现状

改革开放特别是 21 世纪以来，自治区党委、政府作出了一系列加快推进城镇化的重大战略部署，广西城镇化发展取得了明显成效，呈现出城镇规模快速扩张、城镇体系不断完善、城镇功能持续提升、城乡面貌深刻变化等良好态势。但城镇化质量不高的问题日益突出，面临一系列亟待解决的矛盾和问题。

城镇化快速推进，但城镇化水平仍然偏低。1978～2012 年，广西城镇常住人口从 360 万增加到 2038 万，年均增加 48 万人；城镇化率从 10.64% 提高到 43.53%，年均提高 0.94 个百分点，尤其是 2004 年城镇化率突破 30% 以后步伐明显加快，年均提高 1.5 个百分点。但城镇化滞后局面没有根本改变，2012 年城镇化率比全国低 9.04 个百分点，排全国第 26 位。

专栏 1：广西城镇化水平变化

城镇规模不断扩大，但农民工市民化进程偏慢。1978～2012 年，城镇建成区面积从 181 平方千米增加到 2298 平方千米，城市数量从 4 个增加到 35 个，建制镇数量从 66 个增加到 715 个。但人口城镇化滞后，2012 年以常住人口计算的城镇化率为 43.53%，以户籍人口计算的城镇化率为 21.93%，两者相差 21.6 个百分点，1011 万人居住在城镇但没有城镇户籍。同时，土地城镇化突出，2000～2012 年城镇建成区面积增长了 1.3 倍，而城镇人口仅增长 56.4%，城镇人口密度和建设用地集约水平下降。

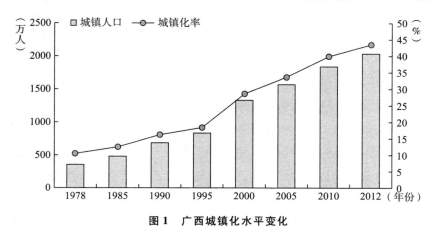

图 1　广西城镇化水平变化

专栏 2：常住人口与户籍人口城镇化率"剪刀差"

城镇体系逐步完善，但各类城镇发展不够协调。北部湾城市群成为国家重点培育的新兴城市群。南宁、柳州成为城区人口超100万的城市，50万~100万的城市3个，20万~50万的9个，10万~20万的21个，10万以下的县城54个，建制镇715个。但中心城市辐射带动能力不强，14个设区城市中有一半建成区人口少于30万，还没有超300万的城市；中小城市和小城镇发展滞后，平均每个县城建成区人口8万人，每个建制镇0.8万人，就近就地城镇化水平偏低。

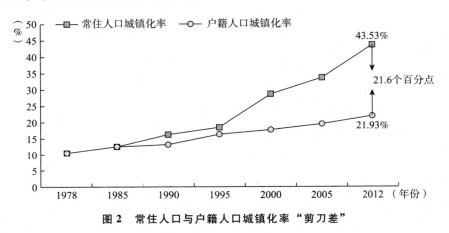

图2　常住人口与户籍人口城镇化率"剪刀差"

专栏3：广西城镇体系变化

城镇基础设施持续加强，但建设方式比较粗放。城镇水、电、路、气、住宅、通信、公交、环保等基础设施大幅改善，教育、医疗、文化体育、社会保障等公共服务水平明显提高，综合承载力和人居环境显著提升。但城镇规划建设和管理水平不高、缺乏特色，一些城市空间开发无序，重经济发展、轻环境保护，重城市建设、轻管理服务，重地上、轻地下等问题比较突出；一些中心城市交通拥堵、住房紧张、环境污染、就业压力增大、生态空间不足等"城市病"开始显现；中小城市和小城镇集聚产业和人口不足，功能比较欠缺。一些地方过多依赖土地财政推进城镇建设，潜藏财政金融债务风险。

城镇化与工业化互动增强，但产业支撑依然薄弱。广西工业化进入中期阶段，主要依托城镇和产业园区布局，培育了一批新兴产业和产业集群，带动了城镇规模扩张和人口集聚，初步形成城镇化与工业化相互支撑、相互促进的良好态势。但工业化水平不高仍然制约着城镇化发展，特别是中小城市和小城镇产业基础薄弱，中心城市产业和城市布局不够协调，城区与园区"两张皮"现象比较突出，产城融合不够紧密。城镇化与工业化、信息化、农业现代化良性互动局面尚未形成。

统筹城乡步伐加快，但城乡二元结构亟待破除。广西北部湾经济区同城化迈出新步伐，扩权强县和扩权强镇有序推进，南宁、玉林等城乡综合配套改革试点全面铺开，统筹城乡发展取得进展。但城乡发展差距大、不平衡、不协调问题突出，城乡分割的户籍管理、土地管理、社会保障制度，以及财税金融、行政管理等制度改革滞后，制约了农民工市民化和城乡一体化进程，大量农业转移人口难以融入城市社会，游离于城镇基本公共服务体系之外，处于"半市民化"状态，城镇内部出现新的二元矛盾。同时，市民化进程滞后导致城乡双重占地严重，2000～2012 年农村人口减少了 770 万，农村居民点占地却增加了 1100 平方千米。

第二节　发展态势

随着外部条件和内在动力的深刻变化，广西城镇化进入了质量与速度并重、以提升质量为主的新阶段，呈现转型升级发展态势，面临新的趋势和新的要求。

经济转型推动城镇化转型发展。在全球经济再平衡和产业格局再调整的大背景下，我国经济增长更加注重质量和效益，更加注重转方式、调结构、扩内需，更加注重工业化、信息化、城镇化、农业现代化同步发展，进而打造经济升级版。主要依靠农村劳动力廉价供给、土地资源大量消耗等传统速度型的城镇化模式不可持续，必须推动城镇化发展由工业化驱动向四化同步、多元驱动转变，由粗放向集约、外延扩张向内涵提升转变。

社会转型推动城镇化转型发展。国家提出坚持走中国特色新型城镇化道路，推进以人为核心的城镇化，消除城乡二元结构，构建以工促农、以城带乡、工农互惠、城乡一体的新型工农城乡关系。主要以城乡分割、低水平和非均等化公共服务为特征的城镇化模式难以为继，必须推动城镇化发展由以物为本向以人为本、城乡割裂向城乡融合转变。

政府转型推动城镇化转型发展。党的十八届三中全会提出使市场在资源配置中起决定性作用和更好发挥政府作用，大幅减少政府对资源的直接配置和对市场的过多干预。主要依赖行政手段推动城镇化发展的模式不可持续，必须更加尊重市场规律，在充分发挥市场作用前提下，有效履行政府制定实施战略、规划、政策、标准等职责，推动城镇化健康发展，让城镇化真正成为一个自然历史过程。

战略转型推动城镇化转型发展。目前广西城镇化处于 30% ~ 70% 的快速发展区间，步入了中等收入和工业化中期阶段，物质基础持续增强，产业体系日臻完善，经济社会加快转型，特别是面临加快建成我国西南中南地区开放发展新的战略支点、打造中国—东盟自贸区升级版、共建"21 世纪海上丝绸之路"等历史性机遇，发展空间和潜力巨大。同时，广西城镇化仍处在追赶和缩小与全国差距的阶段，面临既要加快发展、缩小差距，又要转型发展、提升质量的双重任务，还要破解支撑城镇化发展的要素成本上升、资源环境制约、城乡发展不协调等难题。必须摆脱高投入、高消耗、高排放、低效率的传统粗放型城镇化模式，切实把城镇化转入到质量与速度并重、以提高质量为主的转型发展轨道上来。

第三节　发展道路

当前和今后一个时期，推进广西新型城镇化发展，必须以国家新型城镇化发展战略为指导，结合广西实际，走出一条以人为本、集约高效、绿色发展、四化同步、城乡一体、多元特色的新型城镇化道路。以人为本，即人的城镇化，走以人为核心的城镇化之路；集约高效，即布局优化的城镇化，走集约紧凑和大中小城市、小城镇协调发展的城镇化之路；绿色发展，即生态文明的城镇化，走人与自然和谐相处的城镇化之路；四化同步，即产城互动的城镇化，走产业和城镇融合发展的城镇化之路；城乡一体，即城乡融合的城镇化，走新型城镇与新农村建设双轮驱动的城镇化之路；多元特色，即特色鲜明的城镇化，走因地制宜和多样化发展的城镇化之路。

走广西特色的新型城镇化道路，是在现有基础上的继承与发展，是城镇化进入转型阶段的新要求，有利于转方式、调结构、扩内需，打造广西经济升级版，保持经济持续健康较快发展；有利于破解城乡二元结构，化解城镇二元矛盾，解决"三农"问题，促进城乡发展一体化；有利于推动区域协调发展，打造北部湾国家级城市群，提高西江经济带和桂西资源富集区城镇化水平，进一步完善"两区一带"布局；有利于破解资源环境制约，建设生态文明示范区，全面提高城镇化质量和水平。

第二章　新型城镇化发展的总体要求

广西城镇化是在人多地少、经济欠发达、发展不平衡、资源环境约束较强的背景下推进的，必须立足区情、因地制宜、顺势而为，积极稳妥扎实推进新型城镇化健康发展。

第一节　指导思想

以邓小平理论、"三个代表"重要思想、科学发展观为指导，深入贯彻落实党的十八大和十八届三中全会精神，转变发展理念，创新发展模式，加快推动城镇化转型发展，以人口城镇化为核心，有序推进农业转移人口市民化；以城镇群为主体形态，推动大中小城市和小城镇协调发展；以综合承载力为支撑，提升城镇可持续发展水平；以四化同步为载体，推动产城融合发展；以城乡一体化为导向，促进城乡统筹协调发展；以改革创新为动力，激发城镇化发展活力，走出一条具有时代特征、富有广西特色的新型城镇化道路，在稳步提高城镇化水平进程中提升发展质量，为广西与全国同步全面建成小康社会、加快建成西南中南地区开放发展新的战略支点，打下更加牢固的基础。必须坚持以下基本原则。

紧紧围绕以人为核心推进以人为本的城镇化。着力推进农业转移人口市民化和城镇基本公共服务均等化，促进社会进步和公平正义，让全体居民共享新型城镇化成果。

紧紧围绕优化布局推进集约高效的城镇化。着力推进大中小城市和小城镇协调发展，优化城镇化布局和形态，培育发展辐射作用大的城镇群。

紧紧围绕生态文明推进绿色发展的城镇化。着力把生态文明理念全面融入城镇化进程，加强资源节约和环境保护，实现城镇绿色、循环和低碳发展。

紧紧围绕四化同步推进产城融合的城镇化。着力推进城镇化与工业化、信息化、农业现代化同步发展，构建城镇现代产业体系，增强城镇产业支撑力。

紧紧围绕城乡融合推进城乡一体的城镇化。着力推进城乡统筹发展，促进要素平等交换和资源均衡配置，构建新型城乡关系，实现城乡互动、共同发展。

紧紧围绕文化传承推进多元特色的城镇化。着力发展有历史记忆、文化传承、地域风貌、民族特点的魅力城镇，形成形态多样、各具特色的城镇化发展模式。

紧紧围绕改革创新积极稳妥推进城镇化。着力全面深化改革，建立健全有利于新型城镇化发展的制度环境，使城镇化成为市场主导、自然发展，政府引导、科学发展的过程。

第二节　发展目标

城镇化水平和质量持续提升。常住人口城镇化率年均提高 1.3 个百分点，2020 年达到 54%，户籍人口城镇化率达到 34.5%，户籍人口城镇化率与常住人口城镇化率差距缩小 2 个百分点左右。实现新增城镇人口 700 万左右，促进 600 万左右农业转移人口和其他常住人口落户城镇。

城镇布局更加优化。到 2020 年，形成 1 个城区人口超 300 万、1 个超 200 万、3 个超 100 万的大城市，4 个 50 万～100 万的城市，25 个 20 万～50 万的城市，以及一批超 10 万的县城和特色小城镇，现代城镇体系基本建立。北部湾城市群和桂中、桂东南、桂北城镇群，以及南崇、右江河谷和沿边城镇带基本形成。

城镇模式集约高效。到 2020 年，人均城镇建设用地严格控制在 110 平方米以内，城镇建设用地总规模控制在 3000 平方千米，国土空间开发强度控制在 5.5% 以内，生产空间集约高效、生活空间宜居适度、生态空间山清水秀的空间结构基本形成。密度较高、功能混用和公交导向的集约紧凑型城镇模式成为主导。

城镇综合承载力提升完善。到 2020 年，城镇污水处理率、生活垃圾无害化处理率均达到 95%，城镇基础设施更加完善。绿色生产、绿色消费成为城市经济生活的主流。生态环境明显改善，自然景观和文化特色得到有效保护，城乡风貌特色突出。城镇管理更加智能化、精细化。

城镇公共服务均等化基本实现。城镇公共服务设施更加完善，稳步推进义务教育、就业服务、基本养老、基本医疗卫生、保障性住房等城镇基本公共服务覆盖全部常住人口。城乡居民生活质量显著提高，城乡发展差距明显缩小。

城镇化体制机制健全完善。户籍管理、土地管理、就业社保、财税金融、行政管理、生态环境等制度改革和统筹城乡发展，取得重大进展，阻碍城镇化健康发展的体制障碍基本消除。

专栏 3：广西城镇体系变化

表 1 广西城镇类型

单位：个

城镇类型	1978 年	2012 年
100 万人以上的特大城市	0	2
50 万~100 万人的大城市	0	3
20 万~50 万人的中等城市	1	9
10 万~20 万人的小城市	3	21
10 万人以下的县城	80	54
建制镇	66	715

专栏 4：广西新型城镇化主要指标

第三章 有序推进农业转移人口市民化

以农业转移人口为重点，兼顾异地就业城镇人口，按照尊重意愿、自主选择、因地制宜、分步推进，存量优先、带动增量的原则，统筹推进户籍制度改革和基本公共服务均等化，逐步解决符合条件的农业转移人口落户城镇，未落户的农业转移人口平等享有城镇基本公共服务。

第一节 推进符合条件的农业转移人口落户城镇

加快户籍制度改革，有序放宽落户条件，把有能力、有意愿并长期在城镇务工经商的农民工及随迁家属逐步转为城镇居民。

健全农业转移人口落户城镇制度。各类城镇要根据综合承载力和发展潜力，以就业年限、居住年限、城镇社会保险参保年限为基准条件，因地制宜制定具体的农业转移人口落户标准和办法，并向社会公布，引导落户预期和选择。

实施差别化落户政策。以合法稳定就业和合法稳定住所（含租赁）为户口迁移基本条件，以长期进城就业、新生代农民工和返乡农民工为重点，兼顾高校和职业技术院校毕业生、城镇间异地就业人员和城区城郊农业人口，调整完善户口迁移政策，合理放开南宁、柳州、桂林、梧州、玉林5个城区人口100万以上的大城市落户限制，合理确定落户条件，以参加城镇社会保险年限为落户条件的城市，最高年限不得超过5年；有序放开城区人口50万~100万的中等城市落户限制，进一步降低落户门槛；全面放开其他中心城市、县城和建制镇落户限制，取消落户门槛。对未落户的农业转移人口实行居住证制度。

促进农业转移人口融入城镇。以城镇社区为依托，建设农民工服务和管理平台，鼓励农民工及随迁家属参与社区建设和公共活动，有序引导参政议政和参与社会管理，畅通合理反映诉求和维权渠道。加强农民工技能培训和人文关怀，丰富精神文化生活，增强融入城镇的素质和能力。建设多元包容城市，积极推进农业转移人口个人融入企业、子女融入学校、家庭融入社区、群体融入社会。

表2　广西新型城镇化主要指标

指标	2012 年	2020 年	2020 年比 2012 年	
			总量增加	年均增加
城镇化水平和质量				
1. 常住人口城镇化率（%）	43.53	54.0	10.47	1.30
2. 户籍人口城镇化率（%）	21.93	34.5	12.57	1.57
3. 城镇常住人口（万人）	2038	2730	700 左右	87.5
4. 农业转移人口落户城镇数量（万人）			600 左右	75
基本公共服务				
5. 农民工随迁子女接受义务教育比例（%）		≥99		
6. 城镇失业人口、农民工、新成长劳动力基本职业技能培训覆盖率（%）		≥95		
7. 城镇新增就业人数（万人）			320	40
8. 城镇常住人口基本养老保险覆盖率（%）		≥90		
9. 城镇常住人口基本医疗保险覆盖率（%）	95	≥97	2	0.25

续表

指标	2012 年	2020 年	2020 年比 2012 年	
			总量增加	年均增加
10. 城镇常住人口保障性住房覆盖率（%）	17.9	≥23	≥2.1	0.26
基础设施				
11. 设区城市公共交通占机动出行比例（%）		30		
12. 城镇公共供水普及率（%）	92.33	97	4.67	0.58
13. 城镇污水处理率（%）	85.09	95	9.41	1.18
14. 城市生活垃圾无害化处理率（%）	88.59	95	6.41	0.8
15. 城市家庭宽带接入能力（Mbps）	8	50	42	5.25
16. 城市社区综合服务设施覆盖率（%）	88.33	98	9.67	1.21
土地利用率				
17. 城镇建设用地面积（平方千米）	2298	3000	702	87.75
18. 人均城镇建设用地面积（平方米）	112.8	≤110		
19. 国土空间开发强度（%）	4.58	≤5.5	0.42	
资源环境				
20. 城镇可再生能源消费比重（%）		≥20		
21. 城镇绿色建筑占新建建筑比重（%）	0.48	50	49.52	6.19
22. 城镇建成区绿化覆盖率（%）	34.15	40	5.85	0.73
23. 社区城市空气质量达到国家标准的比例（%）		75		
人民生活				
24. 城镇居民人均可支配收入（元）	21243	≥45500		10%
25. 农村居民人均纯收入（元）	6008	≥14000		11%

专栏 5：全区及各市农业转移人口落户城镇预期目标

根据常住人口与户籍人口城镇化率缩小 2 个百分点的要求，到 2020 年，全区实现 600 万左右符合条件的农业转移人口落户城镇，其中，南宁 100 万人，柳州 60 万人，桂林 50 万人，梧州 45 万人，玉林 85 万人，贵港 50 万人，北海 20 万人，钦州 40 万人，防城港 15 万人，百色 30 万人，贺州 30 万人，河池 25 万人，来宾 30 万人，崇左 20 万人。

第二节　推进农业转移人口享有城镇基本公共服务

按照保障基本、循序渐进原则，积极推进城镇基本公共服务由主要对本地户籍人口提供向常住人口提供转变，把落户城镇的农业转移人口完全纳入城镇基本公共服务体系，逐步实现城镇基本公共服务覆盖已在城镇居住但未落户的农业转移人口。

提升公共就业服务水平。健全城乡统一的公共就业服务体系，提供免费就业信息、就业指导、政策咨询等服务，引导中介机构提供规范诚信服务。实施农业转移人口就业培训工程，全面提供政府补贴职业技能服务。强化企业开展农民工技能培训责任，足额提取并合理使用职工教育培训经费。鼓励高等院校、职业院校和培训机构开展职业教育和技能培训，推进职业技能实训基地建设。将未升入普通高中、高等院校的农村应届初高中生全部纳入职业教育。完善农民工职业技能认定体系，鼓励农民工取得职业资格证书和专项职业能力证书。完善小额担保贷款政策，加大创业政策扶持力度，支持符合条件的农民工特别是返乡农民工创业就业。保障农业转移人口与市民同工同酬、同城同待遇。

保障农民工随迁子女平等接受教育。将农民工随迁子女义务教育纳入各级政府教育发展规划和财政保障范畴。以全日制公办中小学接收和流入地政府管理为主，就近安排随迁子女入学，确保其平等接受义务教育。结合农民工分布和城镇发展需要，合理规划学校布局，足额拨付教育经费。公共义务教育资源暂时短缺的城镇，可采取政府购买服务等方式，保障随迁子女接受义务教育的权利。逐步将随迁子女纳入流入地免费中等职业教育、普惠性学前教育。完善随迁子女接受义务教育后在当地参加升学考试的办法。试行普通本科院校、高职院校、成人高校之间的学分转换，贯通中高职之间和职校到本科、研究生的人才成长通道。推进全区学生学籍信息管理系统建设。

提高农业转移人口社会保障水平。鼓励农民工积极参保、连续参保，参加城镇职工基本医疗保险，允许灵活就业农民工参加当地城镇居民基本医疗保险。加快建立统一的城乡居民基本养老保险制度，将与企业建立稳定劳动关系的农民工纳入城镇职工基本养老保险。完善社会保险关系转移接续政策，在农村参加的养老保险和医疗保险规范接入城镇社保体系，做好城镇职工基本医疗保险、城镇居民基本医疗保险、新型农村合作医疗保险的制度衔接。强化企业缴费责任，扩大农民工参加城镇职工工伤保险、失业保险、生育保险比例。健全商业保险与社会保险合作机制。健全被征地农民基本生活保障制度。

加强农业转移人口医疗卫生服务。优化医疗卫生资源配置，新增医疗卫生资源向城镇社区和新设中心城市倾斜。根据常住人口合理配置城镇基本医疗卫生服务资源，将居住半年以上的农业转移人口纳入城镇社区卫生服务范围，免费提供健康教育、妇幼保健、预防接种、传染病防控、职业病防治、避孕节育等公共卫生服务。加强农民工聚集地疾病监测、疫情处理和突发公共卫生事件应急处置能力建设，将符合条件的农业转移人口纳入医疗救助范围。

拓宽农业转移人口住房保障渠道。将进城落户的农业转移人口完全纳入城镇住房保障体系，逐步覆盖尚未落户的农业转移人口。"十三五"时期城镇保障性住房重点解决农业转移人口住房问题。采取廉租住房、公共租赁住房、租赁补贴等方式改善农民工居住条件。鼓励社会资本参与农民工集体宿舍和公共租赁住房建设。支持农民工集中的开发区和产业园区建设单元型或宿舍性公共租赁住房。鼓励农民工数量较多的企业建设员工宿舍。支持农民工自主购买住房，在首付比例、贷款利率和期限等方面给予政策优惠。逐步将建立稳定劳动关系的农民工纳入住房公积金制度覆盖范围。

第三节 建立健全农业转移人口市民化推进机制

强化政府责任，调动社会力量，合理分担公共成本，构建政府主导、多方参与、成本共担、协同推进的农业转移人口市民化推进机制。

建立政府、企业、个人成本分担机制。根据农业转移人口市民化成本性质，确定成本承担的主体和支出责任。政府主要承担农业转移人口在义务教育、就业服务、社会保障、医疗卫生、保障性住房以及市政设施等方面的公共成本。企业落实好农民工与城镇职工同工同酬制度，依法为农民工缴纳职工养老、医疗、工伤、失业、生育等社会保险费用。农业转移人口积极参加城镇社会保险和技能培训，提升素质融入城市。

合理确定各级政府职责。自治区人民政府制定实施农业转移人口市民化的总体安排和配套政策，提供政策支持和财政保障。市、县人民政府是农业转移人口市民化的直接责任主体，制定实施辖区农业转移人口市民化具体方案和实施细则，确定落户标准和工作时序，提供基本公共服务，承担相应财政支出。对吸纳较多农业转移人口的市、县，自治区加大财政转移支付力度，增强基本公共服务保障能力。

第四章　促进各类城镇协调发展

坚持大中小城市和小城镇协调发展方针，因地制宜、分类引导，增强中心城市辐射带动功能，加快发展中小城市，有重点地发展小城镇，构建结构合理、布局协调、功能互补的新型城镇体系。

第一节　提升核心城市综合功能

南宁、柳州、桂林、梧州4市，以提升综合服务能力和产业升级、城市转型为重点，科学定位城市功能，优化人口结构，增强要素集聚、科技创新和高端服务能力，发挥规模效应和带动作用，推动中心城区功能向周边地区扩散，建设规模大、功能全、带动强、辐射广的现代化都市圈，打造成为推进新型城镇化发展的核心城市。

充分发挥南宁面向东盟开放合作门户城市的作用，强化服务西南中南地区开放发展新的战略支点核心功能，加快建设区域性现代商贸物流基地、先进制造业基地和金融中心、信息交流中心，建成区域性国际城市、内陆开放型经济战略高地和广西首善之区，到2020年城区人口超过300万。柳州发挥工业重镇和综合交通枢纽优势，建成区域性先进制造业中心、现代服务业基地和西江经济带核心城市，到2020年城区人口达到210万。桂林发挥旅游资源优势，建成国际旅游胜地和生态山水历史文化名城，到2020年城区人口超过130万。梧州发挥毗邻粤港澳优势，建成国家级桂东承接产业转移示范区和西江经济带中心城市，到2020年城区人口超过100万。

第二节　增强中心城市辐射带动

玉林、北海、贵港、钦州、防城港、百色、河池、贺州、来宾、崇左10市，以壮大经济实力、提升服务功能、集聚吸纳人口、改善人居环境为重点，完善基础设施，壮大产业规模，提高综合承载能力，增强对周边地

区的辐射带动，打造成为推进新型城镇化发展的重要区域中心城市。到
2020 年，玉林市城区人口达到 100 万，建成现代中小企业名城；北海市城
区人口达到 60 万，建成现代产业集聚地和北部湾国际旅游度假区核心城
市；贵港市城区人口达到 60 万，建成西江流域核心港口城市；钦州市城区
人口达到 50 万，建成北部湾临海核心工业城市；来宾市城区人口达到 50
万，建成现代化新兴工业城市；百色市城区人口达到 40 万，建成生态铝产
业基地和山水园林城市；贺州市城区人口达到 40 万，建成循环经济发展示
范城市；防城港市城区人口达到 35 万，建成北部湾现代化主要港口城市；
河池市城区人口达到 35 万，建成生态环保健康产业城市；崇左市城区人口
达到 30 万，建成面向东盟的区域性新兴城市。

第三节　加快发展中小城市

全区 75 个县城在推进新型城镇化发展中发挥着重要节点作用。实施大
县城战略，加快培育一批经济强县，以主体功能定位为导向，优化空间结
构，加强基础设施建设，发展特色产业，强化产业功能、服务功能和居住
功能，促进经济发展和人口集聚，改善人居环境，提升城市品位，提高县
域城镇化水平。实施中小城市培育工程，将一批基础条件好、发展潜力大
的县城培育成为 20 万～50 万人口规模的城市，加快县城向城市转型，建
设成为带动区域、和谐宜居的区域性中心城市。其他县城因地制宜、突出
特色，建设成为服务城乡、带动县域、特色鲜明的重要节点城市。到 2020
年，力争平均每个县城建成区人口规模达到 10 万。

第四节　有重点地发展小城镇

数量庞大、分散布局的小城镇，在推进新型城镇化发展中发挥着基础
性作用。按照完善功能、提高质量、节约用地、突出特色的要求，发挥小
城镇连接城市和农村的纽带作用，推动小城镇建设与疏解大中城市中心城
区功能相结合、与特色产业发展相结合、与服务"三农"相结合，建设成
为发展现代农业、推进城乡一体化、促进农民就近就地城镇化的重要载
体。大中城市周边的小城镇，加强与城市发展的统筹规划与功能配套，建
设成为卫星城；边境口岸小城镇，发挥沿边优势，扩大边境贸易和对外合
作，建设成为具有边境贸易、金融服务、交通枢纽、跨境旅游等功能的特

色城镇；特色资源和区位优势突出的小城镇，建设成为旅游休闲、商贸物流、加工制造、交通枢纽等专业特色镇；远离中心城市的小城镇和农林场场部，建设成为服务农村、带动周边的综合性小城镇。实施百镇扶持壮大建设示范工程，选择一批区位好、基础优、潜力大的建制镇，培育成为建成区人口5万乃至10万以上的重点镇，向特色小城市转型。到2020年，力争平均每个小城镇建成区人口规模达到1万。

专栏6：中小城市培育和百镇扶持壮大建设示范工程

中小城市培育工程：将城区人口超过20万的博白、北流、桂平、平南、岑溪等5县市，10万左右的灵山、合浦、宾阳、横县、容县、陆川、宜州、平果、靖西、鹿寨、藤县、全州、融安、武鸣、扶绥、钟山、荔浦、武宣18个县市，基础条件好、发展潜力大的东兴、凭祥2市，培育成为城区人口20万~50万规模的城市。

百镇扶持壮大建设示范工程：

南宁市（10）：三塘镇、金陵镇、吴圩镇、六景镇、黎塘镇、那桐镇、锣圩镇、白圩镇、大塘镇、周鹿镇。

柳州市（9）：沙塘镇、雒容镇、洛满镇、沙埔镇、东泉镇、寨沙镇、大良镇、怀宝镇、丹洲镇。

桂林市（12）：大圩镇、苏桥镇、五通镇、绍水镇、溶江镇、兴坪镇、二塘镇、马岭镇、莲花镇、文市镇、中峰镇、龙脊镇。

梧州市（6）：太平镇、归义镇、六堡镇、新圩镇、旺甫镇、濛江镇。

北海市（5）：福成镇、南康镇、山口镇、白沙镇、西场镇。

防城港市（4）：企沙镇、江平镇、那良镇、在妙镇。

钦州市（5）：犀牛脚镇、小董镇、大寺镇、张黄镇、陆屋镇。

贵港市（6）：大安镇、桥圩镇、木乐镇、金田镇、大圩镇、东龙镇。

玉林市（7）：大平山镇、隆盛镇、文地镇、龙潭镇、黎村镇、乌石镇、沙河镇。

百色市（11）：百育镇、祥周镇、新安镇、足荣镇、湖润镇、平孟镇、那劳镇、德峨镇、旧州镇、逻楼镇、甘田镇。

贺州市（7）：信都镇、望高镇、莲山镇、黄姚镇、桂岭镇、清塘镇、贺街镇。

河池市（11）：河池镇、德胜镇、高岭镇、四把镇、车河镇、武篆镇、洛阳镇、甲篆镇、向阳镇、三门海镇、岩滩镇。

来宾市（6）：凤凰镇、迁江镇、桐木镇、石龙镇、东乡镇、红渡镇。

崇左市（7）：东门镇、硕龙镇、爱店镇、夏石镇、新和镇、水口镇、龙茗镇。

重点镇建设标准体系：制定实施重点镇基础设施、公共服务设施、小城镇规划建设和管理、绿化美化等 4 个建设标准体系。

附录4

自治区财政支持新型城镇化发展若干政策

（桂政办发〔2015〕3号）

为深入贯彻落实自治区党委 自治区人民政府《关于印发〈广西壮族自治区新型城镇化规划（2014—2020年）〉的通知》（桂发〔2014〕13号），加大财政支持新型城镇化发展力度，促进我区城乡区域协调发展，特制定本政策。

第一条 理顺自治区以下事权和支出责任，明确各级财政对公共服务支出的保障责任，促进实现财力与事权相匹配，增强市县支持城镇化发展的保障能力。

第二条 自治区财政统筹整合资金，加大对城镇教育、文化、医疗卫生、人口计生、体育、劳动就业、社会保障、住房保障、居民服务等公共服务的投入，加强城镇基础设施建设。

第三条 建立与农业转移人口市民化挂钩的转移支付制度。合理采用常住人口因素，科学分配自治区对市县均衡性转移支付等财力性转移支付，相应提高人口转入地区的基本公共服务保障能力。

第四条 自治区财政按照规定的范围和标准，以在校生数作为农村义务教育免杂费及补助公用经费、农村义务教育免教科书、普通高中国家助学金、中职国家助学金、中职免学费等教育转移支付的测算因素并分配下达补助资金。

第五条 自治区财政按照规定的标准及在校生数对接受政府委托承担义务教育的民办学校给予公用经费补助。

第六条 继续实施农民工随迁子女义务教育奖励政策，并对进城务工农民工子女就读的学校进行奖励。

第七条 全面实施统一的城乡居民养老保险制度，并根据全区经济社会发展情况适时调整缴费补贴标准。

第八条 实施农村转移劳动力就业培训工程，按规定给予职业技能培训补贴。

第九条 逐步拓宽农业转移人口住房保障渠道，采取公共租赁住房方式改善农民工居住条件。

第十条 积极创新融资方式、拓展融资渠道，建立稳定多元的城镇化建设投入机制。加大对重点镇财政支持力度，在重点镇辖区内收取的城市建设配套费、土地出让金、水资源费、排污费等收入，优先用于重点镇的土地开发和重点镇基础设施建设。安排财政资金支持建制镇示范试点工作，增强建制镇可持续发展能力、综合承载能力和辐射带动能力。加强政府性债务管理，按照规定程序和要求，通过发行地方政府债券，支持城镇公益性事业发展。充分发挥市场机制作用，鼓励社会资本通过特许经营（PPP）等方式参与城镇基础设施建设。

第十一条 本政策由财政厅负责解释。

第十二条 本政策自 2015 年 1 月 1 日起实施。

广西壮族自治区人民政府办公厅

2015 年 1 月 14 日

附录 5

广西壮族自治区人民政府关于进一步
推进全区户籍制度改革的指导意见

（桂政发〔2015〕8 号）

各市、县人民政府，自治区农垦局，自治区人民政府各组成部门、各直属机构：

为认真贯彻落实《国务院关于进一步推进户籍制度改革的意见》（国发〔2014〕25 号）精神，推进我区城镇化跨越发展，促进经济社会协调发展和城乡一体化建设，加快富民强桂新跨越步伐，现就进一步推进我区户籍制度改革提出如下意见。

一　进一步放宽进城落户的户籍准入条件

根据国务院关于全面放开小城市和城镇落户限制、有序放开中等城市落户限制、合理确定大城市落户条件、严格控制特大城市人口规模的户籍制度改革总要求，进一步调整我区户口迁移政策；坚持积极稳妥、规范有序，以人为本、尊重群众意愿，因地制宜、区别对待，统筹配套、提供基本保障的原则，有序推进农业转移人口市民化。到 2020 年，基本建立与全面建成小康社会相适应，有效支撑社会管理和公共服务，依法保障公民权利，以人为本、科学高效、规范有序的新型户籍制度，努力实现 600 万左右农业转移人口和其他常住人口在城镇落户。

（一）南宁、柳州市户籍准入条件。在南宁、柳州市城区合法稳定就业达到一定年限并有合法稳定住所（含租赁），同时按照国家规定参加城镇社会保险达到一定年限的人员，本人及其共同居住生活的配偶、未成年子女、父母等，可以在当地申请登记常住户口。具体落户准入条件由南宁、柳州市人民政府根据本地实际情况制定。其中，对参加城镇社会保险具体年限的要求不得超过 3 年。广西北部湾经济区户籍人口申请在南宁市城区登记常住户口的，按广西北部湾经济区户籍同城化规定执行。国家法律法规对特定人群落户安置另有规定的，从其规定。

（二）桂林、玉林市户籍准入条件。在桂林、玉林市城区合法稳定就业并有合法稳定住所（含租赁），同时按照国家规定参加城镇社会保险达到一定年限的人员，本人及其共同居住生活的配偶、未成年子女、父母等，可以在当地申请登记常住户口。具体落户准入条件由桂林、玉林市人民政府根据本地实际情况制定。城市综合承载能力压力大的地方，可以对合法稳定就业的范围、年限和合法稳定住所（含租赁）的范围、条件等作出具体规定，但对合法稳定住所（含租赁）不得设置住房面积、金额等要求，对参加城镇社会保险具体年限的要求不得超过 2 年。国家法律法规对特定人群落户安置另有规定的，从其规定。

（三）其他设区市、县级市市区、县人民政府驻地镇和其他建制镇的户籍准入条件。其他设区市及县级市市区、县人民政府驻地镇和其他建制镇有合法稳定住所（含租赁）的人员，本人及其共同居住生活的配偶、未成年子女、父母等，可以在当地申请登记常住户口。国家法律法规对特定人群落户安置另有规定的，从其规定。

（四）有效解决户口迁移中的重点问题。认真落实优先解决存量的要求，重点解决进城时间长、就业能力强、可以适应城镇产业转型升级和市场竞争环境的人员落户问题。不断提高高校毕业生、技术工人、职业院校毕业生、留学回国人员等常住人口的城镇落户率。

合法稳定就业和合法稳定住所（含租赁）的范围，由当地县级以上人民政府界定。

二　积极推动人口管理创新

（五）全面实行城乡统一的户口登记管理制度。在全区范围取消按农业、非农业性质户口登记常住户口的办法，实行城乡统一的户口登记管理制度，统称居民户口。依据统计部门确定的城乡标识，将常住户口登记在城镇范围的人员，统计为城镇人口；将常住户口登记在乡村范围的人员，统计为农村人口。各地要尽快建立与统一城乡户口登记制度相适应的教育、卫生计生、就业、社保、住房、土地及人口统计制度。

（六）全面实行居住证制度。一是公民离开常住户口所在地到本自治区行政区域内设区市市区居住半年以上的，在居住地申领居住证。符合条件的居住证持有人，可以在居住地申请登记常住户口。以居住证为载体，建立健全与居住年限等条件相挂钩的基本公共服务提供机制。居住证持有人享有与当地户籍人口同等的劳动就业、基本公共教育、基本医疗卫生服务、计划生育服务、公共文化服务、证照办理服务等权利；以连续居住年限和参加社会保险年限等为条件，逐步享有与当地户籍人口同等的中等职业教育资助、就业扶持、住房保障、养老服务、社会福利、社会救助等权利，同时结合随迁子女在当地连续就学年限等情况，逐步享有随迁子女在当地参加中考和高考的资格。各地要积极创造条件，不断扩大向居住证持有人提供公共服务的范围。按照权责对等的原则，居住证持有人应当履行服兵役和参加民兵组织等国家和地方规定的公民义务。二是公民离开常住户口所在地跨设区市、县（市）到县级市市区、县人民政府驻地镇和其他建制镇居住并依法申报居住登记的，凭居住地公安派出所出具的《居住证明》，享有与当地户籍人口同等的基本公共服务权利。

（七）健全和完善人口信息管理制度。建立健全实际居住人口登记制度，加强和完善人口统计调查，全面、准确掌握人口规模、人员结构、地区分布等情况。建设和完善覆盖全区人口、以公民身份号码为唯一标识、以人口基础信息为基准的全区人口基础信息库，分类完善劳动就业、教育、收入、社保、房产、信用、卫生计生、税务、婚姻、民族等信息系统，加快实现跨部门、跨地区信息整合和共享，为制定人口发展战略和政策提供信息支持，为人口服务和管理提供支撑。

三 建立完善户籍制度改革的相关配套制度

完善与户籍制度改革相关的配套政策，重点是土地、住房、社保、就业、教育、卫生计生等保障机制，建立畅通的户籍转移通道，促进有能力在城镇稳定就业和生活的常住人口有序实现市民化，稳步推进城镇基本公共服务常住人口全覆盖。

（八）完善农村产权制度。土地承包经营权和宅基地使用权是法律赋予农户的用益物权，集体收益分配权是农民作为集体经济组织成员应当享有的合法财产权利。加快推进农村土地确权、登记、颁证，依法保障农民的土地承包经营权、宅基地使用权。推进农村集体经济组织产权制度改革，探索集体经济组织成员资格认定办法和集体经济有效实现形式，保护成员的集体财产权和收益分配权。建立农村产权流转交易市场，推动农村产权流转交易公开、公正、规范运行。坚持依法、自愿、有偿的原则，引导农业转移人口有序流转土地承包经营权。进城落户农民是否有偿退出"三权"，应根据党的十八届三中全会和中央有关文件精神，在尊重农民意愿前提下开展试点。现阶段，不得以退出土地承包经营权、宅基地使用权、集体收益分配权作为农民进城落户的条件。

（九）扩大基本公共服务覆盖面。保障农业转移人口及其他常住人口随迁子女平等享有受教育权利；将随迁子女义务教育纳入各级人民政府教育发展规划和财政保障范畴；逐步完善并落实随迁子女在流入地接受中等职业教育免学费和普惠性学前教育的政策以及接受义务教育后参加升学考试的实施办法。完善就业失业登记管理制度，面向农业转移人口全面提供政府补贴职业技能培训服务，加大创业扶持力度，促进农村转移劳动力就业。将农业转移人口及其他常住人口纳入社区卫生和计划生育服务体系，提供基本医疗卫生和计划生育服务。把进城落户农民完全纳入城镇社会保障体系，在农村参加的养老保险和医疗保险规范接入城镇社会保障体系，完善并落实医疗保险关系转移接续办法和异地就医结算办法，整合城乡居民基本医疗保险制度，加快实施统一的城乡医疗救助制度。提高统筹层次，实现基础养老金全区统筹，加快实施统一的城乡居民基本养老保险制度，落实城镇职工基本养老保险关系转移接续政策。加快建立覆盖城乡的社会养老服务体系，促进基本养老服务均等化。完善以低保制度为核心的社会救助体系，实现城乡社会救助统筹发展。把进城落户农民完全纳入城镇住房保障体系，采取多种方式保障农业转移人口基本住房需求。

（十）加强基本公共服务财力保障。建立财政转移支付同农业转移人口市民化挂钩机制。完善促进基本公共服务均等化的公共财政体系，逐步理顺事权关系，建立事权和支出责任相适应的制度，自治区、市、县（市、区）按照事权划分相应承担和分担支出责任。深化税收制度改革，完善地方税体系。完善转移支付制度，增强市、县基本公共服务保障能力。

四　工作要求

（十一）加强组织领导。各地要及时调整充实户籍制度改革领导小组成员和办公室人员。各市、县（市、区）人民政府是户籍制度改革的责任主体和实施主体，要及时制定具体实施细则和工作方案并组织实施，配套建设城镇基础设施和公共服务设施，提高城镇承载能力。公安厅和自治区发展改革委、人力资源和社会保障厅要会同有关部门对各地实施户籍制度改革工作加强跟踪评估、督查指导。自治区深化户籍制度改革工作领导小组各成员单位工作职责如下。

公安厅：负责加强户籍管理和居民身份证管理，指导各地公安机关做好户口登记、户口迁移、人口统计等户籍制度改革的基础工作；会同有关部门加强对各地实施户籍制度改革相关工作的跟踪评估和督查指导。

自治区发展改革委：负责户籍制度改革相关规划、全区国民经济与社会发展总体规划及各项规划的协调衔接。

财政厅：负责为户籍制度改革提供财力保障。

人力资源和社会保障厅：负责制定农业转移人口和其他常住人口进城落户后的社会保障实施细则，做好城乡居民基本养老保险与城镇职工基本养老保险的衔接。

自治区卫生计生委：负责指导设区市的医疗机构设置规划工作，以及新型农村合作医疗与城镇医保的衔接工作；负责做好农业转移人口进城落户后的计划生育政策衔接、计划生育服务管理以及指导工作。

住房和城乡建设厅：负责将符合条件的进城落户农业转移人口和其他常住人口纳入住房保障体系，制定进城落户人员保障性住房建设规划并逐年实施。

国土资源厅、农业厅、林业厅：负责对农业转移人口进城落户相关的农村土地政策的实施管理。

教育厅：负责指导各地做好学校规划建设工作，统筹安排进城落户随迁子女的就读和政策性资助工作。

民政厅：负责推进农村五保对象、新增农村籍义务兵转户进城的相关工作，负责做好城市社区管理、社会救助和福利服务设施规划建设。

自治区统计局：负责加强和完善人口统计调查，指导有关部门建立与统一城乡户口登记制度相适应的人口统计制度。

自治区国税局、地税局：负责深化税收制度改革，完善地方税体系。

自治区法制办：负责对自治区人民政府制定有关推进户籍制度改革的配套政策进行合法性审查。

自治区北部湾办：负责北部湾经济区户籍同城化的统筹协调和督查等工作。

自治区工业和信息化委、人民银行南宁中心支行、自治区民委：负责配合有关部门加快实现跨部门、跨地区信息整合和共享。

各有关部门要密切配合，加强协作，并按照各自的职责抓紧制定相关配套政策，确保各项改革措施落到实处。

（十二）加强宣传和引导。户籍制度改革是我区社会管理制度的重大改革，关系到广大人民群众的切身利益，关系社会的和谐稳定，政策性强、群众关注度高、社会影响面大，各地要按照走中国特色新型城镇化道路、全面提高城镇化质量的新要求，切实落实户籍制度改革的各项措施，严防急于求成、运动式推进。各地要采取多种形式广泛宣传户籍改革政策，在主要媒体设置户籍改革宣传专栏，积极宣传户籍改革政策措施，形成良好的氛围。做好信息收集、社会舆情掌控工作，确保户籍制度改革顺利推进。

广西壮族自治区人民政府

2015 年 2 月 25 日

| 附录 6 |

深入推进新型城镇化建设实施方案

（桂政发〔2016〕44 号）

为贯彻落实《国务院关于深入推进新型城镇化建设的若干意见》（国发〔2016〕8 号），加快我区新型城镇化建设步伐，结合我区实际，制定本方案。

一　总体要求

按照"五位一体"总体布局和"四个全面"战略布局，牢固树立创新、协调、绿色、开放、共享的发展理念，全面贯彻落实国发〔2016〕8 号文件精神，以人的城镇化为核心，以提高质量为关键，以体制机制改革为动力，坚持走以人为本、集约高效、绿色发展、四化同步、城乡一体、多元特色的广西新型城镇化道路。结合落实国家和自治区出台的政策，继续完善配套政策体系；推进国家新型城镇化综合试点工作，加快改革创新，发挥好试点的牵引作用；抓好自治区级示范城镇、特色小镇建设和产城融合发展，推动大中小城市协同发展；完善部门联动、市县推动、上下互动的新型城镇化工作推动机制，推动全区新型城镇化建设迈上新台阶，确保如期实现"两个建成"目标。

二　主要目标

推动全区城镇化水平和质量持续提升，城镇布局更加优化，城镇模式集约高效，城镇综合承载力明显提高，城镇公共服务均等化基本实现，城镇化体制机制更加健全。到 2020 年，全区常住人口城镇化率达到 54%，户籍人口城镇化率达到 40%。（自治区发展改革委、住房城乡建设厅等牵头负责，自治区统计局负责数据统计）

三　主要任务及分工

（一）积极推进农业转移人口市民化

1. 加快落实户籍制度改革政策。贯彻落实《广西壮族自治区人民政府关于进一步推进全区户籍制度改革的指导意见》（桂政发〔2015〕8 号），督促各地抓紧出台具体实施细则。继续深化户籍制度改革，实施差别化落户政策，合理确定南宁、柳州市落户条件，有序放开桂林、玉林市落户限制，全面放开其他设区市、县级市、县城和建制镇的落户限制。鼓励有能力在城镇稳定就业和生活的农业转移人口举家进城落户，并与城镇居民享有同等权利、履行同等义务。建立城乡统一的户口登记制度，稳步推进住房、就业、教育、医疗、养老等相关领域配套改革，加快实现基本公共服务均等化和城镇基本公共服务全覆盖。（公安厅牵头负责）

2. 全面实行居住证制度。贯彻落实《居住证暂行条例》，未落户城镇常住人口实现居住证制度全覆盖，保障居住证和居住证明持有人在居住地享有义务教育、基本公共就业服务、基本公共卫生服务和计划生育服务、公共文化体育服务、法律援助和法律服务以及国家规定的其他基本公共服务，以及按照国家有关规定办理出入境证件、换领补领居民身份证、机动车登记、申领机动车驾驶证、报名参加职业资格考试和申请授予职业资格的权利和其他便利。各地各有关部门要积极创造条件，逐步扩大为居住证和居住证明持有人提供公共服务和便利的范围，提高服务标准，缩小与户籍人口之间的基本公共服务差距。（公安厅牵头负责）

3. 推进城镇基本公共服务常住人口全覆盖。保障农民工随迁子女平等接受教育。将符合规定条件的农民工随迁子女义务教育纳入当地教育发展规划和公共教育服务体系，合理配置教育资源，统筹安排农民工随迁子女入学，确保与当地户籍居民子女享受同等待遇。实施城乡义务教育"两免一补"（免杂费、免书本费、逐步补助寄宿生生活费）政策，统一城乡义务教育公用经费基本定额标准，建立城市公办义务教育学校校舍安全保障长效机制。进一步降低入学门槛，切实保障农民工随迁子女入学需求。提升民办义务教育学校学位供给能力，鼓励和扶持面向农民工随迁子女招生的民办义务教育学校发展，缓解公办学校入学压力。完善符合条件的农民工随迁子女接受义务教育后在输入地参加中考、高考的政策。加强对接收农民工随迁子女就读学校的管理和指导，保障农民工随迁子女与当地户籍学生享受平等权利。（教育厅牵头负责）

提高农业转移人口社会保障水平。扩大社保征缴范围，依法将与用人单位签订劳动合同的农民工纳入社会保险参保范围。进一步改进和规范管理服务，不断扩大农民工参加各项社会保险的覆盖范围。抓好社会保险关系转移接续政策落实，完善相关配套措施，保障农民工和进城落户农民社保关系、新型农村合作医疗（以下简称新农合）关系顺畅转移接续。继续推进社会保障"一卡通"，实现全区定点医院和定点药店全覆盖。巩固和完善新农合制度，全面推进新农合市级统筹，加快推进新农合跨市异地转诊和即时结算，稳步扩大新农合保障范围和水平。（自治区人力资源和社会保障厅、卫生计生委按职责分工负责）

提高农民工就业创业服务水平。完善就业创业基地以奖代补政策，促进农民工以创业带动就业。引导各地依托现有各类工业开发园区、农业产业园，整合发展创业孵化基地、农民工创业园、返乡青年创业服务中心等各类平台，盘活闲置厂房等存量资源，引进专业化的社会服务机构进行运营。鼓励国有企事业单位、农业龙头企业、农村合作社和创业带头人充分发挥对口帮扶和示范带动作用，通过"公司＋农户""协会＋农户"等模式，做强做大"一村一品"产业。继续开展"春潮行动"，加强就业创业职业技能实训基地建设，提高实训能力和水平。修订职业培训管理办法，引导培训机构主动适应产业升级和企业岗位需要，以就业为导向开展职业培训。探索政府向社会购买培训服务和培训成果的新机制。（人力资源和社会保障厅牵头负责）

4. 加快建立农业转移人口市民化激励机制。创新土地利用保障方式。落实国家城镇建设用地增加规模与吸纳农业转移人口落户数量挂钩政策，将农村建设用地减少与城镇建设用地增加统筹纳入土地利用总体规划布局，推动农村地区土地资源集约利用。合理确定土地利用年度计划分解因素，对易地扶贫搬迁项目及农民工创业园用地给予新增建设用地指标倾斜。（国土资源厅牵头负责）

完善政府投入机制。落实国家财政转移支付同农业转移人口市民化挂钩政策，完善对下转移支付制度，提高人口转入地区的基本公共服务保障能力。统筹整合财政资金，加大对城镇教育、文化、医疗卫生、人口计生、体育、劳动就业、社会保障、住房保障、居民服务等公共服务的投入力度。落实中央预算内投资向吸纳农业转移人口落户较多的城镇、国家新型城镇化综合试点地区倾斜的政策，统筹平衡对贫困地区、落后地区的转移支付和中央预算内投资安排。（自治区财政厅、发展改革委按职责分工负责）

（二）全面提升城镇功能

5. 加快城镇棚户区（危旧房）和城中村改造。实施棚户区改造行动计划和城镇旧房改造工程，实现棚户区改造与历史文化名城保护、城市更新的有机结合。提高棚户区改造货币化安置比例，打通棚户区改造回迁安置房与普通商品房的供需通道。进一步完善棚户区改造土地、财政和金融政策，棚户区改造安置建筑面积占规划总建筑面积 50% 以上的，实行土地公开交易起始"低地价"。推动政府购买棚户区改造服务，发挥开发性金融支持作用，鼓励市场主体参与改造建设。出台城中村改造工作的指导意见，建立健全城中村改造推动工作体制机制。督促各地科学编制城中村改造实施方案，明确实施主体、改造模式等。到 2020 年，全区实施各类棚户区（危旧房）和城中村改造 35 万户，明显改善 150 多万居民的住房条件。（住房城乡建设厅牵头负责）

6. 加快城镇综合交通网络建设。优化城镇路网结构。推行"街区制"，打破城市小区建设"小而全""小而散"的发展格局，提高城市社区资源使用率、增强社区文化生活交流、美化城市生活环境。试点先行，建设一批"街区制改造"示范区。加快编制城镇道路交通专项规划，完善城市骨干路网体系，提升路网密度，加快城市断头路、节点连通道路和城市内外部连接道路的建设和改造，提高道路的网络化和通达水平。加强城市立体交通的建设，加大车行道路立交、过街天桥和地下通道的建设力度，鼓励在城市商务区等交通密集区域建设空中步行连廊。因地制宜实施街区"微改造"工程，形成以小街区为基础，交通便利、功能完善的微循环道路系统。（住房和城乡建设厅牵头负责）

优先发展公共交通。树立公交优先理念，中心城市构建以公共交通为主体的城市机动化出行系统，构建布局合理、方便快捷的快线、干线、支线三层次公共交通服务网络。发展地面快速公交，推广公共交通专用通道，优化公共交通站点和线路设置。有序推进城市轨道交通建设，加快建设南宁轨道交通 1 至 4 号线，支持柳州、桂林、玉林等市的城市轨道交通规划编制，支持有条件的其他城市规划建设轨道交通。加快建设综合交通枢纽。（交通运输厅、住房和城乡建设厅按职责分工负责）

7. 实施城市地下综合管廊建设工程。加快开展城市地下管网普查，建立地下管线综合管理信息系统。指导各市加快编制地下管线综合规划和城市地下综合管廊建设专项规划，逐步开展城市地下空间规划。统筹不同等级城市道路建设干线管廊、支线管廊和缆线管廊。优先改造旧城区急险部分管网和建设城市新区综合管廊。因地制宜建设缆线管廊，加快既有地面架空线网入地。在城市地下综合管廊设计和施工中积极推广应用建筑信息模式（BIM）和装配技术。强化入廊管理，健全价格机制，形成城市地下综合管廊建设良性循环。到 2020 年，建成一批城市地下综合管廊并投入运营，城市地上、地下管线建设管理水平明显提升。开展公共供水管网摸底调查工作，有序更新改造使用年限过长、建设标准低、施工不规范、管材质量差的管道，降低公共供水管网漏损率。到 2020 年，全区公共供水管网漏损率达到国家标准。（住房和城乡建设厅牵头负责）

8. 推进海绵城市建设。出台推进全区海绵城市建设政策文件，在城市新区、各类园区、成片开发区全面开展海绵城市建设。结合棚户区、危房改造，更新改造老城区和老旧小区，妥善解决城市防洪安全、雨水收集利用、黑臭水体治理等问题。重点抓好南宁市国家海绵城市建设试点和柳州、桂林、北海、防城港、玉林、百色、梧州等 7 市海绵城市示范区建设工作，力争到 2017 年在全区形成一批可推广、可复制的示范片区和项目建设经验，以点带面，全面推进全区海绵城市建设。到 2020 年，实现全区 20% 以上城市建成区能够就地消纳和利用 70% 降雨的目标。（住房和城乡建设厅牵头负责）

9. 推动新型城市建设。以我区列入全国"多规合一"省级试点为契机，统筹推进全区"多规合一"工作。合理划定城市开发边界，加快推进城市周边永久基本农田划定，建立重点生态保护区域分类管控机制，制定生态保护红线管理办法，开展管控试点。全面开展城市设计，将城市设计管控要求纳入法定规划，加快建设绿色城市、智慧城市、人文城市等新型城市。综合运用物联网、云计算、大数据等现代信息技术推进智慧城市发展，抓好"6 市 1 县 1 区"（南宁、柳州、桂林、贵港、钦州、玉林市，柳州市鹿寨县，柳州市鱼峰区）国家智慧城市试点建设。落实"宽带中国"战略和"互联网 +"城市计划，实施信息网络宽带化等重大信息工程，加速光纤入户，促进宽带网络提速降费。大力推广太阳能、生物质能等新能源应用，积极推进绿色生态城区建设。严格落实新建建筑节能强制性标准，着力提高新建建筑节能水平。积极推广绿色建材应用，重点发展节能高效、生态环保、施工便利的新型绿色建材和结构体系。落实最严格的水资源管理制度，全面建设节水型城市。按照产城融合发展的理念，加快 30 个自治区级产城互动发展试点园区建设。推动符合条件的开发区向城市功能区转型，争取南宁五象新区申报成为国家级新区。（自治区住房和城乡建设厅、发展改革委、工业和信息化委、国土资源厅、环境保护厅、通信管理局按职责分工负责）

10. 提升城市公共服务水平。制定广西城市公共服务设施配置标准。加强教育、医疗卫生、文化、体育健身、公园绿地等公共服务设施以及社区服务综合信息平台规划建设，逐步形成以社区级设施为基础，市级、城区级设施衔接配套的公共服务设施网络体系。优化社区生活设施布局，加强社区商业网点设施配套，打造便捷生活服务圈。完善居家和社区养老服务，积极培育一批居家养老服务的龙头企业和社会组织，借助"互联网 + 养老"行动，健全居家养老服务网络。加强城镇公用设施使用安全管理，健全城市抗震、防洪、排涝、消防、应对地质灾害应急指挥体系和人员密集场所的安全防范机制，完善城市安全保障体系。（自治区住房和城乡建设厅、教育厅、公安厅、国土资源厅、卫生计生委、商务厅、民政厅按职责分工负责）

（三）加快培育中小城市和特色小城镇

11. 提升县城和重点镇基础设施水平。围绕构建城镇群城镇带，优化城镇布局，按照统一规划、适度超前、合理布局、统筹推进的原则，加强县城和重点镇的交通、供水供电供气、地下管网、信息网络、绿化亮化美化等市政公用设施和教育、医疗、文化、体育、市场、养老、治安、社区服务等公共服务设施建设。实施城镇承载能力提升百项建设工程，加快建设 100 个左右重点城镇的重大基础设施和公共服务设施项目，提升城镇基础设施建设水平，增强城镇综合承载能力和竞争力。加大对少数民族地区、边境地区发展潜力大、吸纳人口多的县城和重点镇的基础设施建设的支持力度。推进城镇污水生活垃圾处理设施全覆盖和稳定运行，利用水泥窑协同处理生活垃圾及污泥，提高县城垃圾资源化、无害化处理能力。加强镇级污水处理设施及配套管网建设，2020 年底前，完成 450 个、力争完成 554 个建制镇污水处理设施建设。（住房和城乡建设厅牵头负责）

12. 扩权强县、扩权强镇。积极探索自治区直管县（市）体制改革，让人口大县和经济强县享受部分设区市管理权限，增强县域发展活力。加大向乡镇放权力度，以下放事权、扩大财权、改革人事权及强化用地指标保障为重点，赋予镇区人口 10 万以上的特大镇部分县级管理权限，允许其按照相同人口规模城市市政设施标准进行建设发展。赋予吸纳人口多、经济实力强的建制镇部分县级管理权限。全面推行乡镇国土资源、村镇规划建设、环境卫生和环境保护、安全生产监管机构"四所合一"改革，进一步提升乡镇的综合管理和服务水平。（自治区发展改革委、编办、住房和城乡建设厅牵头，人力资源和社会保障厅、财政厅、民政厅、国土资源厅配合）

13. 推进自治区级示范县、示范镇试点建设。深入实施大县城战略，开展新型城镇化示范县和百镇建设示范创建活动，制定示范县、示范镇试点实施方案，加强对试点地区的政策资金支持，加快 20 个自治区级新型城镇化示范县和101个百镇建设示范工程建设，力争在农业转移人口市民化、新型城镇建设与管理、土地管理、社会保障、投融资体制、行政管理和提升城镇综合承载能力等方面实现重点突破，探索出不同类型的新型城镇化路径、措施和办法，做到完成一项示范、探索一个模式、形成一套经验，辐射带动全区县域城镇化健康发展。（住房和城乡建设厅、财政厅按职责分工负责）

14. 加快特色小镇发展。开展特色小镇创建工作，打造具有地域风貌、民族特点和产业定位清晰、文化内涵浑厚、旅游资源丰富、商贸物流便利的魅力特色小镇。到2020年，分批创建100个左右特色产业鲜明、服务功能完善、体制机制灵活、生态环境优美、文化底蕴彰显、宜居宜业宜旅的特色小镇，使其成为农民就地就近城镇化的重要载体，培育出全区经济社会发展新的增长点。（自治区住房和城乡建设厅、发展改革委按职责分工负责）

15. 培育发展中小城市。有序推进行政区划调整，加快推进符合区划调整条件的一批基础条件好、发展潜力大、聚集能力强、产业特色突出的县改为市，调整优化城市空间和规模结构，做大做强中心城市，将县城培育成为20万—50万人口规模的城市，加快县城向城市转型。（民政厅、住房和城乡建设厅按职责分工负责）

16. 加快城市群建设。抓好北部湾城市群和桂中、桂北、桂东南城镇群规划的组织实施，积极发展南崇、右江河谷和沿边经济带，推动北部湾经济区同城化纵深发展，引导推动北海、防城港、钦州沿海三市新区建设，研究制定北部湾经济区重点新区规划建设指导意见。加快编制广西沿边城镇带规划。积极配合国家编制北部湾城市群发展规划。贯彻落实国家《城镇化地区综合交通网规划》，加快建设一批重大交通基础设施项目，提升城镇群之间互联互通水平。统筹推进电源、电网、油气管网等重大能源基础设施项目建设。加快实施农村饮水安全和乡镇（城镇）供水升级改造工程建设，确保城镇群水利和供水系统安全可靠。（自治区住房和城乡建设厅、发展改革委、交通运输厅、水利厅、北部湾办、能源局按职责分工负责）

（四）辐射带动新农村建设

17. 推动基础设施和公共服务向农村延伸。加快城乡配电网规划编制，实施新一轮农村电网改造升级工程，加快建设南宁、柳州、来宾、河池市新型城镇化配电网建设示范区，力争到 2017 年前完成中心村电网改造升级、农村机井通电和贫困村通动力电工程。实施剩余建制村通畅工程，推进农村客运站建设，力争到 2020 年实现所有具备条件的建制村通客车比例达到 100%、城乡道路客运一体化 3A 级以上的县超过 80%。开展有条件地区燃气入乡（镇）试点建设，推动天然气向农村覆盖。开展农村人居环境整治行动，组织开展农村垃圾专项治理两年攻坚活动，加强农村垃圾和污水收集处理设施以及防洪排涝设施建设，奖补一批垃圾焚烧发电、水泥窑协同处理垃圾、向农村延伸的城镇污水处理管网等项目。实施 1000 个行政村垃圾处理终端，保证 90% 以上农村生活垃圾得到有效处理；开展 200 个建制村污水处理设施建设试点，全面完成建制镇污水处理设施建设。深入推进美丽广西？乡村建设活动，巩固提升清洁乡村、生态乡村建设成果，持续开展"宜居乡村""幸福乡村"建设。加快农村教育、社会保障、医疗卫生、文化等事业发展，推进城乡基本公共服务均等化。开展新型农村社区建设试点，力争到 2020 年，全区 50% 以上的建制村完成农村社区建设试点工作。（自治区交通运输厅、住房和城乡建设厅、人力资源和社会保障厅、民政厅、环境保护厅、教育厅、卫生计生委、文化厅、乡村办，广西电网公司按职责分工负责）

18. 推动农村一二三产业融合发展。落实《广西壮族自治区人民政府办公厅关于推进农村一二三产业融合发展的实施意见》（桂政办发〔2016〕74 号），开展农村产业融合发展试点示范，探索具有广西特点的产业融合模式。深入实施"10＋3"（粮食、糖料蔗、水果、蔬菜、茶叶、蚕、食用菌、罗非鱼、肉牛肉羊、生猪 10 大种养产业，富硒农业、有机循环农业、休闲农业 3 个农业新型产业）产业提升行动和林下经济千亿元工程，全面推进现代特色农业（核心）示范区建设。加快推进农产品加工业转型升级，加强农产品流通和市场建设，发展农业生产性服务业，创新发展观光农业、体验农业、创意农业等新型业态。拓展农业多功能，推进农业与旅游、教育、文化、健康养老等产业深度融合，发展都市现代农业、长寿养生产业、休闲农业和乡村旅游，开发民族特色旅游产品。培育农村产业融合多元化主体，强化农民合作社和家庭农场基础作用，支持龙头企业引领示范，发挥供销合作社综合服务优势，鼓励社会资本投入。建立完善产业融合利益联结机制，让农民享受增值利益。加快平果县、灵山县、浦北县和岑溪市等国家农民工返乡创业试点建设，推动返乡创业集聚发展。（自治区发展改革委、农业厅、林业厅、水产畜牧兽医局、工业和信息化委、商务厅、旅游发展委、文化厅、教育厅、民政厅、人力资源和社会保障厅按职责分工负责）

19. 带动农村电子商务发展。加快农村宽带网络建设，推动知名电商企业与我区合作，扎实推进电子商务进农村综合示范。科学编制县域农村电子商务发展规划，构建农村电子商务公共服务平台，建立县、乡、村三级电子商务服务体系和物流配送网络，推动电子商务在农村广泛应用，推进农产品进城、工业品下乡，带动农村特色产业发展。完善有利于中小网商发展的政策措施，在风险可控、商业可持续的前提下支持发展面向中小网商的融资贷款业务。（自治区商务厅、发展改革委、金融办、通信管理局按职责分工负责）

20. 推进易地扶贫搬迁与新型城镇化结合。坚持尊重群众意愿，注重因地制宜，科学编制安置点规划，结合新型城镇化建设和产业发展，在县城、产业园区、重点镇附近建设集中安置区。加快安置点住房和公共服务基础设施建设，加强移民在产业、就业、金融、教育、困难救助等方面扶持。健全移民搬迁后续管理和社会保障机制，研究制定易地扶贫搬迁移民后续扶持政策，保证移民搬得出、稳得住、有出路，平稳有序融入城镇生活。指导各县将移民后续扶持内容纳入县级扶贫移民规划和年度计划，明确具体目标，推进政策落地和实施。（自治区发展改革委、扶贫办、移民工作管理局牵头，自治区财政厅、国土资源厅、住房和城乡建设厅、教育厅、交通运输厅、水利厅、卫生计生委、文化厅、民政厅、人力资源和社会保障厅，广西电网公司，广西农村投资集团等配合）

（五）完善土地利用机制

21. 规范推进城乡建设用地增减挂钩。总结推广增减挂钩试点经验，在规范管理、规范操作、规范运行的基础上，完善增减挂钩工作制度，简化工作环节，出台相关奖惩措施。结合脱贫攻坚大力推进增减挂钩工作，确保增减挂钩指标安排向贫困地区倾斜，制定节余指标交易实施细则，引导节余指标公开、公平、有偿流转使用。建立增减挂钩试点信息管理系统，运用现代化信息技术手段加强试点工作监管。（国土资源厅牵头负责）

22. 探索建立城镇低效用地再开发激励机制。鼓励原国有土地使用权人开展城镇低效用地再开发。符合相关规划的城镇低效用地，可由原国有土地使用权人制定再开发方案报经市、县人民政府批准后实施。鼓励城镇低效用地集中开发利用，对符合城乡规划的，经批准后可依法将相邻分散的土地合并，按合并后宗地重新规划和利用，并办理登记。涉及改变土地用途或划拨国有建设用地使用权转为出让的，除法律法规规章和政策等明确应当收回土地使用权重新出让的外，经原批准机关同意，可按协议方式办理出让或土地用途变更手续。鼓励社会资金参与城镇低效用地再开发。（国土资源厅牵头负责）

23. 因地制宜推进低丘缓坡地开发。继续加快推进原有的低丘缓坡开发试点。争取扩大全区试点范围，支持有条件的市县根据国家部署申报低丘缓坡试点，用足用好国家试点政策，促进各地"工业上山、城镇化上山"。（国土资源厅牵头负责）

24. 完善土地经营权和宅基地使用权流转机制。加快推进农村集体土地承包经营权确权登记颁证工作，做好农村集体土地所有权、宅基地使用权和集体建设用地使用权确权登记发证的常态管理。督促指导各市、县（市、区）做好争议土地的纠纷调处，提高集体土地确权登记发证比例。建立健全农村产权流转市场体系，继续推进北流市集体经营性建设用地入市改革试点，争取尽快形成试点经验，加以推广。继续推进不动产统一登记工作，切实维护进城落户人员农民宅基地使用权等合法权益。（国土资源厅、农业厅按职责分工负责）

（六）创新投融资机制

25. 深化政府和社会资本合作。进一步放宽城市建设投资准入，积极引进社会资本参与新型城镇化建设。探索建立城镇基础设施和公共服务设施、住宅政策性金融机构，对城市基础设施实行市场化建设与管理。鼓励、支持和引导社会资本通过政府和社会资本合作（PPP）等模式参与公用基础设施建设运营，做好 PPP 项目物有所值和财政承受能力的评价工作，加强项目筛选、管理和服务，支持和推动 PPP 项目加快实施进度。采用建设—运营—转让（BOT）、建设—拥有—运营（BOO）等多种项目融资方式，盘活社会资本，增加城镇化项目建设资金来源渠道。（自治区财政厅、发展改革委按职责分工负责）

26. 加大政府投入力度。理顺自治区以下事权和支出责任，明确各级财政对公共服务支出的保障责任，增强市县支持城镇化发展的保障能力。优化政府投资结构，统筹整合现有专项资金支持农业转移人口市民化相关配套设施建设。支持各地依法依规将举借的政府债务倾斜投向新型城镇化建设。积极争取国家专项建设基金重点支持城市基础设施和公共服务设施建设、特色小城镇功能提升。（财政厅牵头负责）

27. 强化金融支持。充分发挥开发性金融、政策性金融的导向作用，为城镇基础设施建设项目提供融资。鼓励商业银行积极开发面向新型城镇化的金融服务和产品，创新推广中长期固定资产贷款、银团贷款、经营收益权质押贷款。鼓励公共基金、保险资金等参与稳定收益的城市基础设施项目建设和运营。推动金融机构创新开发适合农民工返乡创办的小微企业需求特点的金融产品、信贷模式和服务流程，建立项目贷款审批"绿色通道"，优化流程，缩短时限，提高效率。制定和完善鼓励政策，推动银行等金融机构对新型城镇化信贷投放稳步增长。鼓励各地利用财政资金和社会资金设立推进新型城镇化发展基金，整合政府投资平台设立新型城镇化投资平台。支持符合条件的企业发行债券和城投债券，进一步拓宽直接融资渠道。积极推行基础设施和租赁房资产证券化，提高城市基础设施项目直接融资比重。（中国人民银行南宁中心支行、自治区金融办按职责分工负责）

（七）完善城镇住房制度

28. 建立购租并举的城镇住房制度。构建政府提供基本保障、市场满足多层次需求的城镇住房制度，加快建立购租并举的住房供应体系。继续落实好自治区支持农民工等新市民购房需求的有关政策，支持新市民购买商品住房或通过住房租赁市场租房居住。建立完善公共租赁住房货币化保障机制，尊重新市民经济能力和居住意愿等自身实际，试点公共租赁住房"租房券"政策，通过差别化补助，支持新市民根据就业、生活需要，多样化选择适宜的居住地。（住房和城乡建设厅牵头负责）

29. 完善城镇住房保障体系。以满足新市民住房需求为主要出发点，把公共租赁住房保障扩大到非城镇户籍人口，分类分层次逐步将新市民住房问题纳入城镇住房保障范畴。健全新市民保障性住房分配机制，完善新市民保障性住房准入、审核、轮候、分配、退出办法。充分利用"互联网＋"技术，建立新型住房保障信息服务平台，实现住房保障体系和信息化管理的规范化和制度化。引导和帮助进城农民工和个体工商户自愿缴存住房公积金，逐步将这部分人群纳入住房公积金制度覆盖范围，提高其解决住房问题的能力。（住房和城乡建设厅牵头负责）

30. 加快发展专业化住房租赁市场。结合去库存工作，盘活存量房源，多渠道发展住房租赁市场。完善房屋租赁信息服务平台和专门服务窗口建设，方便群众租赁房屋，提高房源流通效率。鼓励发展住房租赁经营机构，积极培育专业化市场主体，引导企业投资购房用于租赁经营，支持房地产企业调整资产配置，将持有住房用于租赁经营，引导住房租赁企业和房地产开发企业经营新建租赁住房。支持专业企业、物业服务企业等通过租赁或购买社会闲置住房开展租赁经营，落实鼓励居民出租住房的税收优惠政策，激活存量住房租赁市场。鼓励商业银行开发适合住房租赁业务发展需要的信贷产品，在风险可控、商业可持续的原则下，对购买商品住房开展租赁业务的企业提供购房信贷支持。利用 3 年时间，基本形成渠道多元、总量平衡、结构合理、服务规范、制度健全的住房租赁市场。（住房和城乡建设厅牵头负责）

31. 健全房地产市场调控机制。建立市场配置和政府保障相结合的住房制度，有效保障城镇常住人口的合理住房需求。以稳投资、促销售、稳价格、控存量为目标，按照因地施策、因城施策、因时施策的原则，保持房地产市场平稳健康发展。进一步调整完善差别化住房信贷政策，提高对农民工等中低收入群体的住房金融服务水平。完善住房用地供应制度，优

化住房供应结构。加强商品房预售管理，完善商品房交易资金监管机制，加强房地产市场风险防范。（住房和城乡建设厅牵头负责）

（八）加快推进新型城镇化试点建设

32. 推进国家新型城镇综合试点建设。继续推进柳州市、来宾市、全州县、平果县和北流市等国家新型城镇化综合试点建设。在政策、资金、项目等方面加强对综合试点地区的支持和指导，相关专项试点工作原则上要在综合试点地区开展。试点地区力争在建立农业转移人口市民化成本分担机制、建立多元化可持续城镇化投融资机制、改革完善农村宅基地制度、中小城市培育等方面取得突破，形成可复制、可推广的经验和模式。（自治区推进新型城镇化工作厅际联席会议各成员单位按职责分工负责）

四　保障措施

33. 强化统筹协调。自治区发展改革委、住房和城乡建设厅要依托自治区推进新型城镇化工作厅际联席会议制度，强化对各地新型城镇化建设工作的指导，加强统筹协调，推动相关工作任务落实。自治区有关部门要按照职责分工，务实推进各项工作。各市、县（市、区）要进一步完善城镇化工作机制，扎实推进本地区新型城镇化建设工作，形成合力，共同推进新型城镇化建设工作取得更大成效。

34. 加强监督检查。区直有关部门要对各地区的新型城镇化工作任务落实情况进行跟踪监测和督促检查，对相关配套政策的实施效果进行跟踪分析和总结评估，重大问题及时提交自治区推进新型城镇化工作厅际联席会议研究协调，确保工作落实到位、政策举措落地见效。

35. 强化宣传引导。各地各部门要通过新闻媒体、互联网等广泛宣传推进新型城镇化的新理念、新政策、新举措，及时报道典型经验和做法，强化示范效应，凝聚社会共识，为推进新型城镇化建设营造良好的社会环境和舆论氛围。

广西壮族自治区人民政府

2016 年 9 月 9 日

附录7

广西壮族自治区居住证办理工作规范

（试行）

为了加强流动人口服务管理，做好《广西壮族自治区居住证》办理工作，依据《广西壮族自治区流动人口服务管理办法》有关规定和自治区人民政府《关于进一步推进全区户籍制度改革的指导意见》要求，修订本工作规范。

一　发放对象

在设区市市区申报居住登记6个月以上（含6个月）的流动人口，本人或监护人提出办证申请的，应当发给居住证；但有下列情形之一的，不发给居住证：

（一）在居住地就医、探亲、旅游、出差的；

（二）香港特别行政区居民、澳门特别行政区居民、台湾地区居民、华侨以及外国人和无国籍人按照国家有关规定申报居住登记，不申领居住证。

二　受理

（一）受理单位

公安机关负责流动人口居住登记和居住证管理工作。公安派出所具体负责本辖区流动人口居住登记和《居住证》申请受理、发放等日常监督管理工作。

辖区流动人口较多的，可委托社区、乡镇流动人口服务管理站协助做好流动人口居住登记信息采集和居住证受理、发放等服务管理工作。

（二）申领《居住证》需提交的材料

《居住证》申领分个人申领和集体申领两种方式。

1. 个人申领需提交以下材料：

（1）本人第二代居民身份证等合法有效身份证件原件及复印件（未满16周岁未申办居民身份证的，提供居民户口簿。由共同居住且符合办证条件的监护人代办）；

（2）住所证明材料原件及复印件；

（3）就业、就读、经商等证明材料原件及复印件；

（4）填好的《广西居住证办理/流动人口信息登记表》。

以上住所证明包括房屋产权证书、购房合同、房屋租赁登记备案证明、房屋租赁合同、单位出具的宿舍住所证明等。

就业、经商证明包括工商营业执照、劳动合同或者用人单位出具的劳动关系证明等。

就读证明指居住地全日制教育机构出具的学校证明等。

第（1）、（2）、（4）项为公共必交材料，第（3）项根据个人具体情况选择提交材料。

2. 集体申领需提交以下材料：

（1）用人单位资质证明材料原件及复印件（包括：工商营业执照、社会团体登记注册证明等）；

（2）申领人第二代居民身份证等合法有效身份证件原件及复印件；

（3）用人单位出具的集体宿舍住所证明（宿舍住所属租赁房屋的，需同时提供房屋租赁合同原件及复印件）；

（4）申办《居住证》人员名单及就业证明；

（5）填好的《广西居住证办理/流动人口信息登记表》。

采用集体申领方式申领《居住证》的，由用人单位指派专人负责办理。

（三）办理步骤

1. 受理单位当场审核办证人提交的相关证明材料。对材料齐全符合要求的，当场受理。对材料不符合要求的，退回材料，并当场一次性告知其需要补充的材料。

2. 判断是否需收取工本费。将办证人姓名、公民身份号码录入信息系统，查询是否首次办证。首次办证的免费，非首次办证的按规定收取证件工本费。

3. 打印缴费通知单。

4. 合成人像和个人化信息。按照第二代居民身份证制证相片质量标准（GA－461），居住证管理系统中的相片不符合制证要求的，须从全国或全区人口信息数据库中提取原有二代证数字相片进行合成。无法提取二代证相片信息且申请人无法提供合格数字相片的，现场采集数字相片。居住证登记项目中，"常住户口所在地住址"项目不超过22个字（即44个字节）；"居住地住址"项目不超过34个字（即68个字节）。凡不按要求合成人像和个人化信息，造成证件质量不合格的，由受理单位承担废证制证成本。

5. 打印受理回执。

6. 在政务网或公安网"全区居住证管理系统"中录入流动人口信息和办理居住证业务。信息录入以基层受理点前台录入为主。可以采取以下方式：

（1）在办证人员不多，受理时间充裕的情况下，办理即录入；

（2）在办证人员较多、受理时间紧张的情况下，可启动快速受理模式。先行查验办证人提交的材料，在确认材料符合要求后，收取材料并打印受理回执，另行安排时间补充录入信息。

（四）受理时限

受理一般当场办理，因集体办理或者其他特殊情况不能当场办理的，最长在2个工作日内完成。

三 审核

（一）审核方式

审核采取信息系统受理信息审核与文字材料审核相结合、逐条审核与批量审核相结合、系统自动审核与人工核对审核相结合的方式逐级进行。

1. 受理单位审核人须对已录入信息系统的办证人所提交材料信息进行逐条审核，必要时核对文字材料。

2. 城区公安分局对受理单位的居住证制证信息进行审核、签发。

3. 市公安局对居住证制证信息进行抽检，报自治区公安厅制证。

4. 信息系统审核操作流程详见《全区居住证管理系统操作手册》。

（二）审核时限

1. 受理单位应当在受理之日起 3 个工作日内，完成受理审核工作。

2. 城区公安分局应当在 2 个工作日内完成审核、签发工作。

3. 市公安局应当在 1 个工作日内完成制证数据抽检、报送工作。

四　制证

（一）制证工序

1. 检查设备。查看制证设备运行情况，包括打印耗材、居住证半成品卡备用量等。

2. 信息提取。在信息系统"制证"界面点击"查询"按钮可将需本单位制作证件的受理信息列表显示，也可输入条件调出。

3. 发出指令。选择需要制作证件的受理信息（单选、多选或全选），点击"制证"功能按钮向制证设备发出指令。

4. 质量检查。检查居住证成品证件的视读信息和机读信息，发现有问题的可使用"重新制证"功能重新制作。

（二）制证时限

自治区公安厅制证中心自接收到合格制证信息之日起，在制证设备正常、原材料到位及设备产能允许的情况下，在 5 个工作日内完成证件制作。

五　分发和发放

分发是指制证单位将成品证件分选下发给市公安局、城区公安分局的工作。发放是指将制作完成的居住证发放给流动人口。

（一） 分发步骤

1. 分选。将成品证件按照提交制证的城区公安分局进行分选包装。

2. 打印分发清单。在信息系统中按接收单位打印分发清单。

3. 清点核对邮寄。邮政部门或接收单位对照分发清单对成品证件进行清点核对，确认无误后，在分发清单上签名确认，并按指定的地址邮寄。

4. 回填分发信息。分发人将已经分发的居住证信息在信息系统中注明。

信息系统分发操作流程详见《全区居住证管理系统操作手册》。

（二） 发放步骤

1. 收取、验证居住证受理回执。他人代领的，还需核验代领人的居民身份证。

2. 根据受理回执信息，在信息系统调取该居住证信息，并在信息系统中加注已领取信息。

3. 如果接收人是政府（综治委）流动人口和出租屋服务管理机构的，按照发放的操作要求和步骤进行。

（三） 分发和发放时限

1. 在足额上交上一批次证件制作成本费到自治区公安厅财务部门的前提下，自治区公安厅制证中心在规定时限内制好证件后，凭自治区公安厅财务部门出具的居住证证件出库单在 1 个工作日内完成分发当批次证件。

2. 城区公安分局收到制好的证件，应当在 1 个工作日内分发到受理单位。

3. 受理单位应当自收到制好的证件当日开始向前来领证的流动人口发放居住证。

六　居住证办理相关业务

（一） 居住证登记项目变更、更正

1. 居住地址变更。持证人填写《广西居住证补（换）领、延期及项目变更申请表》，提交住所变更证明材料（居住地址因跨市、县务工、经商、就学发生变动的，需按首次申领提交相关证明材料），受理单位工作人员核实后根据其申请变更项目登陆信息系统对居住地址进行变更操作，同时使用专用签注设备对持证人所持居住证芯片和居住地址栏进行擦写，变更为现居住地址，其居住证无需更换。

2. 主项信息变更。变更持证人姓名、性别、民族、户籍地址、身份证号码、持证人相片的，持证人提出书面申请，按照上述受理、审核、制证、分发和发放的程序办理。

3. 非主项信息变更。变更除主项信息以外的其它信息的，持证人填写《广西居住证补（换）领、延期及项目变更申请表》，受理单位工作人员根据其申请变更项目核对相关材料后直接在信息系统中进行信息的变更、更正。

4. 居住地址和非主项信息变更当场办理。

（二）居住证签注

根据《广西壮族自治区流动人口服务管理办法》第二十一条规定，我区《居住证》实行一人一证和年度签注。居住证持有人在当地连续居住的，应当在居住每满一年的最后30日内到居住地公安派出所或流动人口服务管理中心（站、点）办理签注手续。居住证持有人未在规定时间内办理居住证签注手续的，应予补办，其在居住地的居住期限自补办签注手续之日起重新计算。

居住证年度签注工作当场办理。

（三）注销居住证

1. 居住证遗失或者损坏不能正常使用的，按照补领、换领的程序办理新证，收回旧证销毁。

2. 有下列情形之一的，应当及时收回《居住证》并注销：

（1）持证人死亡的；

（2）在居住地已登记常住户口的；

（3）持有人提供虚假材料取得居住证的。

3. 证件制作过程中因操作失误，制成错证、坏证的，重新为办证人制证不得收取费用。废证定期集中销毁。

4. 居住证销毁工作分别由公安派出所和制作单位登记造册后组织销毁。

（四）补领、换领居住证

办证人填写《广西居住证补（换）领、延期及项目变更申请表》，按照上述受理、审核、制证、分发和发放的流程办理。

七　其他事项

（一）2005 年实行的人才居住证，其申领办法按照《〈广西壮族自治区居住证〉制度暂行办法》（桂政发〔2005〕27 号）文件有关规定办理。

（二）本规范所称信息系统是指全区居住证管理系统。

（三）在本规范修订前已申领居住证、现居住在县级市市区、县人民政府驻地镇和其他建制镇的流动人口，所持居住证可继续使用。今后凡居住在县级市市区、县人民政府驻地镇和其他建制镇且已申报居住登记的流动人口，因办理个人权益事项需要居住凭证的，由现居住地公安派出所出具《居住证明》。

（四）本规范自印发之日起施行。各地可依据本规范要求，结合本地实际，制定具体工作细则。

广西壮族自治区人民政府

2016 年 9 月 9 日

附录 8

广西城镇建设用地增加规模同吸纳农业转移人口落户数量挂钩工作实施细则

桂国土资发〔2017〕32 号

为推进以人为核心的新型城镇化，提高农业转移人口市民化用地保障水平，按照《国土资源部　国家发展改革委　公安部　人力资源社会保障部　住房城乡建设部关于印发〈关于建立城镇建设用地增加规模同吸纳农业转移人口落户数量挂钩机制的实施意见〉的通知》（国土资发〔2016〕123 号）要求，结合我区实际，就建立城镇建设用地增加规模同吸纳农业转移人口落户数量挂钩（以下称"人地挂钩"）机制制定如下实施细则。

一　总体要求

牢固树立创新、协调、绿色、开放、共享的发展理念，认真落实党中央、国务院决策部署，以人的城镇化为核心，制定实施人地挂钩政策，通过规划总量调控、计划单列下达、用地优化安排，满足新型城镇化用地需求。到 2018 年，基本建立人地挂钩机制，形成部门联动、上下衔接、有利于促进新型城镇化发展的建设用地供应制度；到 2020 年，全面建立科学合理的人地挂钩机制政策体系，为如期实现我区 600 万左右农业转移人口和其他常住人口在城镇落户提供用地保障。

二　主要措施

（一）实施差别化用地标准

农业转移进城落户人口指已进城并取得城镇户籍的原乡村人口，简称进城落户人口。各地在组织编制相关规划、安排用地计划时，要根据《国家新型城镇化规划（2014—2020 年）》《广西壮族自治新型城镇化规划（2014—2020 年）》《广西易地扶贫搬迁十三五规划》等相关规划提出的人均城镇建设用地控制目标，综合考虑人均城镇建设用地存量水平，实行差别化进城落户人口城镇新增建设用地标准。现状人均城镇建设用地不超过 80 平方米的城镇，按照人均 110 平方米标准安排；现状人均城镇建设用地 80—100 平方米的城镇，按照人均 100 平方米标准安排；现状人均城镇建设用地 100—120 平方米的城镇，按照人均 88 平方米标准安排；现状人均城镇建设用地 120—150 平方米的城镇，按照人均 80 平方米标准安排；现状人均城镇建设用地超过 150 平方米的城镇，按照人均 55 平方米标准安排。全区各市、县易地扶贫搬迁项目原则上参照此标准安排新增建设用地。

（二） 实施规划统筹调控

在编制和修订各级土地利用总体规划、城乡规划时，应充分考虑区域经济社会发展水平、土地利用现状和人口规模等因素，对进城落户人口数量和流向做专题分析，按照节约集约用地、切实保护耕地的原则，科学测算和合理安排城镇新增建设用地规模，进一步核减农村建设用地规模。原有城镇用地规模确实无法满足进城落户人口用地需求的，经评估后，可依法对土地利用总体规划进行适当调整，调整后的规划报原批准机关批准。涉及人地挂钩工作的各项规划应与土地利用总体规划、城乡规划相衔接，符合土地利用总体规划、城乡规划安排的用地规模和空间布局。

（三） 改进用地计划安排

各地在分解年度用地计划时，要依据土地利用总体规划、新型城镇化发展规划、进城落户人口趋势和需求，合理测算和安排各类城镇新增建设用地，保障进城落户人口用地需求，同时充分考虑上一年度进城落户人口情况，对列入国家新型城镇化综合试点地区予以倾斜。自治区在下达土地利用年度计划时，将各市上一年度进城落户人口情况纳入指标分解方案予以充分考虑。县（市、区）在组织城镇建设时，应优先安排吸纳进城落户人口城镇的用地。对非农业转移落户人口和取得居住证的常住非户籍人口，应根据实际需要适当安排建设用地。

（四）优化土地供应结构

各市、县国土资源管理部门要根据我区人地挂钩工作有关规划和计划安排情况，组织编制包括进城落户人口用地在内的年度建设用地供应计划，统筹考虑各类各业建设用地供应。优先保障住房特别是进城落户人口的保障性住房建设用地，以及教育、医疗、养老、就业等民生和城镇基础设施建设用地，合理安排必要的产业用地。确定保障性住房用地的供应标准、规模及时序，并落实到具体地块。土地利用年度计划指标紧张、已有保障性住房建设用地计划不能满足需要的市县，要统筹协调及时调整土地供应结构，扩大民生用地的比例，确保保障性住房用地的需求。鼓励各地盘活存量城镇建设用地，提高节约集约用地水平。

（五）提高农村土地利用效率

结合农村宅基地制度改革，允许进城落户人员在本集体经济组织内部自愿有偿退出或者转让宅基地，鼓励农村土地经营权规范有序流转。建立农村宅基地自愿有偿退出机制，加大实施《广西壮族自治区鼓励易地扶贫搬迁差异化补偿办法》，切实保护进城落户人员的财产性收益。全力支持和规范推进农业人口转移地区开展城乡建设用地增减挂钩工作，对该区域增减挂钩项目实行优先立项和周转指标倾斜，在满足农民安置、农村发展用地的前提下，可将节约的建设用地用于城镇建设。

三　保障措施

（一）强化责任落实

建立人地挂钩机制有利于缓解当前部分县（市、区）规划剩余空间难以持续承载农业转移人口落户的矛盾，提高区域人口集聚能力和承载能力，改善土地供给结构，优化规划布局，提高土地利用节约集约利用水平。各级人民政府要高度重视，要充分认识到实施"人地挂钩"规划计划管理机制，是深入推进户籍制度改革的重要举措，是"建设用地跟着产业和人口走"原则的具体体现。要切实加强组织领导，落实地方责任。各市、县人民政府对本行政区域人地挂钩工作负总责，确保政策措施落实到位。

（二） 建立部门协同机制

各级要建立由国土资源部门牵头，发展改革、公安、住房和城乡建设、人力资源和社会保障等部门参与的人地挂钩工作部门协作机制，加强部门配合协调，并将人地挂钩工作纳入脱贫攻坚和新型城镇化工作中，做好相应的政策衔接。国土、公安、住房和城乡建设、人力资源和社会保障、规划等相关部门，要加强对人口流动趋势变化预测研究，于每年 2 月底完成本行业年度分析报告，交由国土部门统一组织专家进行评审论证，在此基础上共同研究形成年度人地挂钩工作计划安排。

其中，发展改革部门会同公安、住房和城乡建设、教育、卫生计生、人力资源和社会保障、文化、体育、民政、工信等有关部门，根据农业转移人口市民化相关政策研究提出吸纳农业转移人口落户城镇的基础设施、公共服务设施、配套产业项目建设计划，预测吸纳转移人口数量；住房和城乡建设与规划部门负责城镇规划、用地结构布局，开展住房和市政设施建设用地需求及结构预测等；公安部门负责核实汇总下一级人民政府报送的上一年度进城落户人口数据，在此基础上对下一年度人口流动趋势进行研究，并将相关基础数据及预测结果提供给国土资源、发展改革、住房和城乡建设部门，并报送本级人民政府，作为实施人地挂钩机制的重要依据；人力资源和社会保障部门负责进城落户人口的医疗、养老等社会保障，重点提出相关配套设施用地需求及扶持政策。国土资源管理部门负责汇总各部门年度分析报告，编制形成本年度人地挂钩工作计划，重点提出吸纳农业转移人口落户城镇的建设用地需求，落实进城落户人口用地政策，经本级人民政府审定后实施。

（三） 规范政策实施

公安部门要加强对户籍管理的监管，准确把握城乡划分标准，严格按照农业转移人口在城镇落户的统计口径开展人口调查统计，保证农业转移人口进城落户的真实性和准确性。现阶段，不得以退出农民土地承包权、宅基地使用权、集体收益分配权作为农民进城落户的条件。要加强信息化建设，实现人口、土地等基础数据跨部门共享，对进城落户人口和城乡建设用地变化情况实行动态监测。对于政策实施过程中出现的失职渎职、弄虚作假等行为，要按照有关规定予以严肃处理。

（四） 加强宣传引导

充分利用报纸、广播、电视、网络等媒体，准确解读人地挂钩机制的重要意义、政策内涵和工作要求，合理引导社会预期，形成广泛共识。在实施过程中，要认真做好宣传，及时回应群众关切，为加快农业转移人口市民化进程、推进新型城镇化发展营造良好社会氛围。

（五） 做好考核评估

建立各级人地挂钩工作年度评估机制，重点对上一年度转移人口规模及流向、农村建设用地腾退规模、城镇新增建设用地指标落实等情况、进城落户人口住房保障情况等进行评估，各市人民政府每年 2 月底前完成评估报告，并在 3 月 15 日前将评估报告报送自治区国土资源厅。自治区国土资源厅将组织专家对评估报告进行评审，评估报告将作为安排各市年度用地计划依据。各级人民政府要将落实人地挂钩作为年度重点工作纳入计划安排，并将人地挂钩实施情况纳入各级政府年度绩效考核，确保人地挂钩政策落到实处，取得成效。

广西壮族自治区国土资源厅　广西壮族自治区发展和改革委员会　广西壮族自治区公安厅　广西壮族自治区人力资源和社会保障厅　广西壮族自治区住房和城乡建设厅

2017 年 6 月 28 日

附录 9

广西壮族自治区人民政府关于做好当前和今后一段时期就业创业工作的通知

桂政发〔2017〕48 号

各市、县人民政府，自治区人民政府各组成部门、各直属机构：

为贯彻落实《国务院关于做好当前和今后一段时期就业创业工作的意见》（国发〔2017〕28 号）精神，现就做好我区当前和今后一段时期的就业创业工作通知如下。

一、各设区市可从实际出发，对经认定符合主导产业发展且开发出新就业岗位，并与新增就业人员签订 1 年以上劳动合同的企业，按其为新增就业人员实际缴纳的社会保险费给予 1 年的社会保险补贴。

二、大力扶持创业孵化基地、众创空间等创业载体建设。对经认定为创业孵化基地的众创空间，给予 2 年的房租、宽带接入费补助。对认定为自治区级创业孵化示范基地的，给予 100 万元的奖补。各设区市可结合实际情况评估认定市级创业孵化示范基地，给予不超过 50 万元的奖补。

三、完成工商登记注册 2 年以内的企业、专业合作组织、个体工商户等各类经营单位，均可申请入驻工商登记注册地所在设区市、县（市、区）的创业孵化基地，入驻期间除可享受各项创业孵化基地扶持政策外，每新招用 1 名就业人员并与其签订 1 年以上劳动合同的，按其为新增就业人员实际缴纳的社会保险费给予 1 年的社会保险补贴。

四、对首次在自治区内创办小微企业并正常经营 1 年以上的就业困难人员、毕业 5 年内的高校毕业生，给予一次性 5000 元创业扶持补贴。

五、自治区内小微企业或社会组织吸纳毕业年度高校毕业生就业，签订1年以上劳动合同并依法缴纳社会保险费的，按规定给予社会保险补贴，并按1000元/人的标准给予小微企业或社会组织一次性带动就业奖补。

六、将就业见习对象范围扩大到离校2年内未就业的高校毕业生、中职毕业生和完成中期就业技能培训的建档立卡贫困家庭未继续升学的初中、高中毕业生，见习补贴标准提高至1200元/人·月。对见习期满留用率达到50%的，补贴标准提高至1500元/人·月。对认定为高校毕业生就业见习国家级示范单位的，给予20万元的一次性奖补。

七、自治区内企业或社会组织吸纳建档立卡贫困家庭劳动力就业，签订1年以上劳动合同、连续工作6个月以上并依法缴纳社会保险费的，给予不超过3年的社会保险补贴，并按一定标准给予企业或社会组织一次性带动就业奖补。其中，吸纳就业10人以下的，按1000元/人的标准给予奖补；吸纳就业10人以上（含）、20人以下的，按1200元/人的标准给予奖补；吸纳就业20人以上（含）、30人以下的，按1400元/人的标准给予奖补；吸纳就业30人以上（含）的，按1600元/人的标准给予奖补。

八、支持企业在有条件的乡镇（村）创建就业扶贫车间、加工点，与建档立卡贫困家庭劳动力签订劳务协议或承揽合同，在1年内累计工作不少于6个月并给付不低于6000元劳动报酬的，按1000元/人的标准给予生产经营主体一次性带动就业奖补。

九、对零就业家庭、有劳动能力的成员均处于失业状态的低保家庭成员，在初次申请公益性岗位时予以优先推荐上岗，在公益性岗位期满清退后仍难以实现就业的，由当地财政出资购买岗位予以托底安置。对实现就业或自主创业的低保对象，在核算家庭收入时，应扣减必要的就业成本，给予3—6个月的救助缓退期。

十、经营性人力资源服务机构、劳务经纪人等市场主体组织农村劳动力和登记失业人员到企业就业，协助签订1年以上劳动合同并依法缴纳社会保险费满3个月以上的，按照300—500元/人的标准给予就业创业服务补助。

十一、提高大中专院校就业创业指导水平，将创新创业教育纳入教师专业技术资格评聘范围和绩效考核指标体系，同时把创新创业教学成果作为大中专院校教学成果等级评定的重要内容。

上述政策涉及资金支出的，除明确由当地财政出资解决外，其余由各地通过就业补助资金统筹解决。上述政策自印发之日起执行，执行期限截至 2020 年 12 月 31 日。全区各级各部门要认真按照国发〔2017〕28 号文件和本通知精神，切实抓好贯彻落实。

广西壮族自治区人民政府

2017 年 9 月 28 日

参考文献

《马克思恩格斯选集》第 1 卷［M］，人民出版社 2012 年版。

《马克思恩格斯全集》第 23 卷［M］，人民出版社 1972 年版。

［美］戴维·伊斯顿：《政治生活的系统分析》［M］，王浦劬等译，华夏出版社 1989 年版。

［美］布莱恩·贝利：《比较城市化》［M］，商务印书馆 2012 年版。

霍利斯·钱纳里、莫伊斯·赛尔昆著《发展的型式：1950—1970》［M］，李新华等译，经济科学出版社 1988 年版。

［美］阿瑟·刘易斯：《二元经济论》［M］，北京经济学院出版社 1989 年版。

徐勇：《非均衡的中国政治》［M］，中国广播电视出版社 1992 年版。

费孝通：《中国城镇化道路》［C］，内蒙古人民出版社 2010 年版。

俞可平主编《治理与善治》［M］，社会科学文献出版社 2000 年版。

孙立平：《断裂：20 世纪 90 年代以来的中国社会》［M］，社会科学文献出版社 2003 年版。

厉以宁、艾丰、石军：《中国新型城镇化概论》［M］，中国工人出版社 2014 年版。

新玉言编《以人为本的城镇化问题分析：〈国家新型城镇化规划（2014—2020 年)〉解读》［M］，新华出版社 2014 年版。

韩俊、何宇鹏：《新型城镇化与农民工市民化》［M］，中国工人出版社 2014 年版。

胡必亮：《城镇化与新农村》［M］，重庆出版社 2008 年版。

中国（海南）改革发展研究院主编《人的城镇化：40 余位经济学家把脉
　　新型城镇化》［C］，中国经济出版社 2013 年版。

张占斌、丁德章、黄锟主编《城镇化进程中农民工市民化研究》［M］，河
　　北人民出版社 2013 年版。

张国庆：《现代公共政策导论》［M］，北京大学出版社 2000 年版。

楼培敏：《农民就业：考问中国城市化》［M］，中国经济出版社 2011 年版。

冯奎：《中国城镇化转型研究》［M］，中国发展出版社 2013 年版。

何念如、吴昱：《中国当代城市化理论研究》［M］，上海人民出版社 2007
　　年版。

左理主编《民族地区社会主义新农村建设中的城镇化问题研究——以宁夏
　　回族自治区为例》［M］，中国经济出版社 2009 年版。

王列军等：《完善城镇化进程中的社会政策》［M］，中国发展出版社 2013
　　年版。

胡欣：《城市经济学》［M］，经济科学出版社 1999 年版。

谢文蕙：《城市经济学》［M］，清华大学出版社 1996 年版。

秦润新：《农村城镇化理论与实践》［M］，中国经济出版社 2000 年版。

潘启云：《西部欠发达地区城镇化路径与模式》［M］，经济科学出版社
　　2012 年版。

汤正仁等：《区域产业发展、城镇化与就业：基于贵州的实践》［M］，西南
　　交通大学出版社 2012 年版。

杨肖丽等：《辽宁省农民工城市就业与城镇化》［M］，经济日报出版社
　　2015 年版。

戎殿新、司马军主编《各国农业劳动力转移问题研究》［M］，经济日报出
　　版社 1989 年版。

王章辉、黄柯可、周以光、萧辉英：《欧美农村劳动力的转移与城市化》，
　　社会科学文献出版社 1999 年版。

崔传义：《农民进城就业与市民化的制度创新》［M］，山西经济出版社
　　2008 年版。

吕炜:《农业转移人口市民化:理论思辨与实践认知》[M],东北财经大
学出版社 2016 年版。

金三林:《扎根城市之路:农业转移人口就近市民化的路径与政策研究》
[M],中国发展出版社 2015 年版。

陈志光:《安居乐业 和合能谐:有序推进农业转移人口市民化研究》
[M],经济科学出版社 2016 年版。

田明:《农业转移人口的流动和融入:新型城镇化的核心问题》[M],科
学出版社 2015 年版。

李实、邢春冰等:《农民工与城镇流动劳动人口经济状况分析》[M],中
国工人出版社 2016 年版。

朱光喜、朱燕、彭冲:《西南民族地区新型城镇化:政策认知与"进城"
意愿——基于广西、云南、贵州三省区网络民众与农村居民的调查研
究》[M],经济科学出版社 2017 年版。

冯虹等:《中国城镇化进程中农民工的就业歧视及其社会风险》[M],社
会科学文献出版社 2016 年版。

范毅等:《中国城镇化进程中的非农就业问题和政府治理结构研究》[M],
中国发展出版社 2013 年版。

蔡伟民:《城镇化进程中西藏农牧民非农就业及创业研究》[M],中国农
业出版社 2017 年版。

李文忠:《城镇化背景下农民工就业问题研究》[M],化学工业出版社
2015 年版。

乌兰:《中国城市化进程中统筹城乡就业问题研究》[M],中国经济出版
社 2015 年版。

杨肖丽、李旻、江金启、周密等:《辽宁省农民工城市就业与城镇化》
[M],经济日报出版社 2015 年版。

冯虹等:《中国城镇化进程中农民工的就业歧视及其社会风险》[M],社
会科学文献出版社 2016 年版。

段进军、殷悦:《多维视角下的新型城镇化内涵解读》[J],《苏州大学学
报》2014 年第 5 期。

徐选国、杨君:《人本视角下的新型城镇化建设:本质、特征及其可能路径》[J],《南京农业大学学报》(社会科学版)2014年第2期。

宋林飞:《中国特色新型城镇化道路与实现路径》[J],《甘肃社会科学》2014年第1期。

丁静:《农民工市民化的促进措施研究》[J],《河南社会科学》2014年第11期。

郭万超、胡琳琳:《新型城镇化进程中农民工市民化问题探析》[J],《科学社会主义》2014年第3期。

钱再见:《新型城镇化进程中的政府职能转变——基于空间权力视角的分析》[J],《中共浙江省委党校学报》2013年第5期。

茶洪旺:《摆正政府在新型城镇化发展中的位置》[J],《探索与争鸣》2014年第2期。

冯奎:《新型城镇化进程中政府需从全面主导向有限主导转型》[J],《经济纵横》2013年第7期。

张玉磊:《新型城镇化进程中市场与政府关系调适:一个新的分析框架》[J],《理论导刊》2014年第9期。

焦晓云:《新型城镇化进程中农村就地城镇化的困境、重点与对策探析》[J],《城市发展研究》2015年第1期。

程业炳、周彬、张德化:《新型城镇化背景下农业转移人口就业能力提升研究》[J],《探索》2014年第3期。

张永岳、张传勇、胡金星:《"一带一路"战略下民族地区新型城镇化路径探讨》[J],《西南民族大学学报》(人文社会科学版)2017年第1期。

张永岳、王元华:《我国新型城镇化的推进路径研究》[J],《华东师范大学学报》(哲学社会科学版)2014年第1期。

朱一鸣、董运来:《河南省城镇化与农民收入增加的关联性》[J],《沈阳师范大学学报》(社会科学版)2013年第6期。

李吉和、范才成:《论少数民族流动人口与民族交融——基于中、东部地区穆斯林群体的研究》[J],《中南民族大学学报》(人文社会科学版)2012年第3期。

李光明、孙明霞:《户籍制度、就业风险、就业环境对维吾尔族农民外出务工的影响》[J],《江苏农业科学》2014 年第 5 期。

向丽:《就业质量对农业转移人口就近城镇化意愿的影响》[J],《江苏农业科学》2017 年第 9 期。

聂伟、万莺莺:《文化适应对少数民族农民工城镇落户意愿的影响——基于全国流动人口动态监测数据的分析》[J],《湖南农业大学学报》(社会科学版)2018 年第 1 期。

刘尚俊、蒋志辉:《少数民族和汉族民工市民化意愿的差异化分析——以新疆阿克苏市农民工为例》[J],《塔里木大学学报》2016 年第 1 期。

梁伟杰、李国正:《农民工就业市场逆向歧视现象研究》[J],《广西社会科学》2016 年第 5 期。

贺雪峰:《论半熟人社会——理解村委会选举的一个视角》[J],《政治学研究》2000 年第 3 期。

谢嗣胜、姚先国:《农民工工资歧视的计量分析》[J],《中国农村经济》2006 年第 4 期。

冯学东:《就业能力概念、内涵及结构要素的研究述评》[J],《中国商贸》2014 年第 1 期。

岳雪莲:《广西新生代农民本土就业影响因素探讨》[J],《中南民族大学学报》(人文社会科学版)2014 年第 1 期。

岳雪莲:《民族地区人口城镇化与城镇就业增长动态关联分析——以广西为例》[J],《广西社会科学》2016 年第 1 期。

邓大松、李玉娇、严妮:《新型城镇化进程中农民工就业风险及其规避》[J],《湘潭大学学报》(哲学社会科学版)2015 年第 5 期。

陈震红、刘国新、董俊武:《国外创业研究的历程、动态与新趋势》[J],《国外社会科学》2004 年第 1 期。

王娜:《信贷支持返乡农民工创业存在的问题及对策研究——基于山东省商河县特困村返乡农民工创业贷款调查》[J],《鲁东大学学报》(哲学社会科学版)2018 年第 3 期。

岳富贵、田毅:《新型城镇化背景下内蒙古农牧民就业问题研究》[J],

《内蒙古师范大学学报》（哲学社会科学版）2018 年第 4 期。

陈明、毛佳欣：《城镇化进程中农民工就业问题研究及对策》［J］，《劳动
　　保障世界》2017 年第 36 期。

潘瑶：《发达国家促进城镇化就业政策分析》［J］，《经济研究导刊》2015
　　年第 11 期。

张慧、王莉莉：《新城镇化进程中甘肃农业转移人口就业问题研究》［J］，
　　《甘肃理论学刊》2015 年第 2 期。

辜胜阻、高梅、李睿：《就业是城镇化及社会稳定的基石——以新疆为视
　　角》［J］，《中央社会主义学院学报》2014 年第 6 期。

刘雪梅：《新型城镇化进程中农村劳动力转移就业政策研究》［J］，《宏观
　　经济研究》2014 年第 2 期。

向晶、钟甫宁：《农村人口转移、工业化和城镇化》［J］，《农业经济问题》
　　2018 年第 12 期。

殷颂葵、姚红义、丁生喜：《青海省人口城镇化水平的评估及发展趋势研
　　究》［J］，《当代经济》2017 年第 18 期。

滕驰：《内蒙古牧区新型城镇化进程中人口转移问题与对策研究——以 W
　　旗为例》［J］，《中央民族大学学报》（哲学社会科学版）2017 年第
　　1 期。

张广辉、魏建：《农民土地财产权利与人口城镇化》［J］，《学术月刊》
　　2016 年第 3 期。

夏美玲：《城镇化进程中农业转移人口职业教育问题研究》［J］，《常州大
　　学学报》（社会科学版）2015 年第 6 期。

焦开山：《中国少数民族人口的城镇化水平及其发展趋势》［J］，《民族研
　　究》2014 年第 4 期。

后 记

　　本书是在本人主持的 2013 年度国家社科基金一般项目"民族地区人口城镇化与政府促进就业的公共政策研究"（项目批准号：13BZZ023）结项书稿的基础上修改而成的。

　　从项目获得立项到最终完成，整整用了 5 年时间。在科研"快餐化"的今天，5 年时间或许有点"漫长"。个中原因，倒不是本人想着"十年磨一剑"，要达到什么样水准的成果才提交结项申请（尽管其中的不断修改完善是免不了的），而是在这期间，有关本研究的形势发展变化太快。一方面，随着人口结构的变动、农民外出务工成本增加、新农村建设后农业和农村的吸引力增强等，原来的用工大省（市）竟然出现了"民工荒"，进城就业好像一下子不再是以往让党和政府担忧的"难题"，这一变化着实让我怀疑本研究的价值所在而一度难以动笔。另一方面，在这期间，党和政府在加快推进实施新型城镇化战略进程中，异常重视"人的城镇化"问题，无论是在中央层面还是地方层面，均出台了很多有利于促进人口城镇化就业的实施办法、意见。由于农村的发展较为滞后，农业的收益较低，农民还不是一个有明显吸引力的职业，在"推拉"作用下，农民进城就业在较长一段时间里都仍将是一个趋势，只是进城的去向上或许有新的特点。同时，民族地区政府在人口城镇化就业的促进政策方面也还有反思的空间。

　　成果的完成，必须感谢一些单位和人。首先，感谢全国哲学社会科学工作办公室对本研究的批准立项。其次，感谢我的博士生导师、我国著名政治学者、"长江学者"特聘教授、华中师范大学中国农村研究院的徐勇教授，从项目的申报选题到研究进展，都得到了他的亲切关怀。再次，感谢我指导的研究生们。2014级的张芮、覃丽萍，2016级的李香、覃郁杰、黄冬群，2017级的陈达，2018级的黄丹等同学，在项目的调研和资料收集方面付出了辛劳，黄丹同学还对书稿进行了仔细校对并美化了其中一些图表。复次，感谢广西大学公共管理学院的领导们，通过广西高校人文社会科学重点研究基地"区域社会治理创新研究中心"这一平台对本书的出版给予了大力资助。最后，感谢我爱着的家人。对我而言，专注于写作一部书，是需要大量的集中时间的，要有清静的环境，要能免于琐事的干扰。在这方面，妻子黄彩华总是能够了解我的习惯，理解我的工作，每每看到我在书房里忙碌就尽量不打扰，并能默默地做着家务、照看孩子。我的儿子小耀荣，几乎是与我的这一项研究的真正开展同步成长。他从爬着进出到能自由跑进跑出我的书房这一段成长，实实在在见证了我的科研历程，尽管他肯定还无法明白我拿着书本，或端坐电脑前敲打键盘的意义。而他的到来和每天的陪伴，是我无限前行的动力以及闲暇之余的"调剂品"。

2019年7月8日于南宁

图书在版编目（CIP）数据

民族地区人口城镇化的就业促进政策研究：基于广
西农民的需求表达/汤玉权著. -- 北京：社会科学文
献出版社，2020.5
　ISBN 978 - 7 - 5201 - 6158 - 9

　Ⅰ.①民…　Ⅱ.①汤…　Ⅲ.①民族地区 - 城市化 - 就
业政策 - 研究 - 广西　Ⅳ.①D669.2

　中国版本图书馆 CIP 数据核字（2020）第 026429 号

民族地区人口城镇化的就业促进政策研究
——基于广西农民的需求表达

著　　者/汤玉权

出 版 人/谢寿光
组稿编辑/宋月华　周志静
责任编辑/周志静
文稿编辑/孙以年

出　　版/社会科学文献出版社·人文分社（010）59367215
　　　　　地址：北京市北三环中路甲 29 号院华龙大厦　邮编：100029
　　　　　网址：www. ssap. com. cn
发　　行/市场营销中心（010）59367081　59367083
印　　装/三河市尚艺印装有限公司

规　　格/开 本：787mm × 1092mm　1/16
　　　　　印 张：13.75　字 数：209 千字
版　　次/2020 年 5 月第 1 版　2020 年 5 月第 1 次印刷
书　　号/ISBN 978 - 7 - 5201 - 6158 - 9
定　　价/148.00 元